내 영혼의 만나! 송이꿀 3,000

제1권 신구약 100선

장병재 목사

내 영혼의 만나! 송이꿀 3,000
제1권 신구약 100선

초판 1쇄 2025년 1월 3일
지은이   장병재
펴낸이   장소망
펴낸곳   도서출판 에벤에셀

주 소   인천광역시 미추홀구 주안동로 47-1 지층
전 화   032-422-7992
팩 스   032-441-7992
편집부   032-872-2883

Home   www.ebenezer7000.co.kr
E-mail   ebenezer7000.co.kr
        ebenezer7000@naver.com

ISBN   979-11-971952-3-5 03230
책 가격은 뒷 표지에 있습니다.

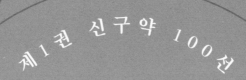

내 영혼의 만나! 송이꿀 3,000

"주의 말씀의 맛이 내게 어찌 그리 단지요! 내 입에 꿀보다 더 다니이다."

(시119:103)

우리는 어찌하든지 하나님의 말씀을 늘 가까이하고 암송함으로써
하나님과 동행하기를 힘써야 한다. 왜냐하면 말씀을 가까이 한 그 분량은
은혜의 분량이요 행복의 분량이며 하나님과 동행의 분량이기 때문이다.
이런 까닭에 예레미야도 사도바울도 말씀을 가까이함으로써
하나님과 동행했던 것이다.

(렘15:16, 딤후4:13)

도서출판 에벤에셀

머리말

우리는 어찌하든지 하나님의 말씀인 성경을 늘 가까이하며 **그 말씀의 강가에** 살아야 한다. 우리의 영혼은 이 세상의 그 무엇으로도 결코 채워질 수 없는데, 이러한 우리에게 하나님의 말씀은 **내 영혼의 꼴**이요 **만나**요 **양식**이기 때문이다. 나아가 말씀의 분량은 **하나님과 동행의 분량**이자 **내 영혼의 단장**이기 때문이다.

그런데 이 세상의 사람들은 여기에는 사실상 관심이 없고 **극락조(極樂鳥)** 주변에 있는 것들로 자신을 치장하듯이 이 땅의 그 무엇으로 자신을 치장하기에만 급급하다. 그러나 엄밀한 의미에서 내 영혼이 천성에까지 가지고 갈 것이 아니라면 그것은 결코 내 것이 아니다. **재물도 명예도** 심지어 내 영혼의 옷에 불과한 **육체**도 언젠가 그것들은 내 곁을 떠나 사라지게 되어있다. 우리가 **천성**에까지 하나님 앞에 가지고 갈 유일한 것은 **곱게 단장한 내 영혼뿐**이기 때문이다.

그러므로 우리는 인생을 사는 동안 **하나님과 늘 동행**하기를 힘씀으로써 **내 영혼을 곱게 단장**해야 한다. 이와 같은 단장에 있어서 **가장 확실한 비결은 성경을 암송하고 그 말씀을 무시로 묵상하는 것**이다. 하나님은 지금도 말씀을 통하여 우리 곁에 찾아오시고 그 말씀을 통하여 우리와 동행하시며 아예 우리의 심령 속에 내주하기를 기뻐하시기 때문이다.

따라서 우리는 영원하신 하나님의 말씀을 가까이하며 「**하나님과 동행**」하기를 힘써야 한다. 이렇게 사는 길만이 「**가장 잘 산 인생**」이요 또한 「**가장 잘한 일**」이다.

에녹이 그러했고(창5:22) 노아가 그러했으며(창6:9) 예레미야가 그러했다(렘15:16) 사도바울이 그러했으며(딤후4:13) 믿음의 발자취를 남긴 모든 선진들이 그러했다. 그들은 우리가 이 땅에서 행한 그 모든 것들의 값어치의 합보다 「**하나님과 동행함의 그 값어치**」가 더 크다는 사실을 확실히 자각했기 때문이다.

이런 까닭에 필자는 많은 그리스도인들이 더 효과적으로 말씀을 암송하되 체계적으로 암송하며 하나님과 동행함에 이를 수 있도록 「**내 영혼의 만나 송이꿀 3,000**」을 내놓게 된 것이다. 내 영혼의 만나 송이 꿀 3,000의 세 가지 주요 특징은 성경 구절에 대하여 ① **본문의 핵심 정리**와 ② **묵상의 내용** 그리고 ③ **교리적 핵심 내용**을 담았다.

그 이유는 성경 말씀의 암송은 무조건 암송함보다는 그 내용을 명확히 알고 암송함이 더 큰 은혜에 이르며 내 영혼의 양약(良藥)이 되기 때문이다. 나아가 교활한 사탄은 할 수만 있으면 택한 백성까지도 미혹하려고 이 시대의 거짓 스승들(이단의 교주들)을 앞세우고 우는 사자처럼 삼킬 자를 찾아 두루 다니는(마24:24, 벧전5:8) 이 엄연한 현실 앞에서, 신앙의 자기 변증을 위한 「**영적 항체**」는 반드시 형성되어 있어야 하기 때문이다.

따라서 이 「**내 영혼의 만나 송이꿀 3,000**」으로 말미암아 이 땅의 교회가 성경을 암송하는 불길이 크게 붙어 **하나님과 동행하는 그리스도인들**이 넘쳐나기를 진심으로 소망하는 바이다.

2024. 12. 장병재 목사

일러두기

① **성경 본문**은 우리말 성경 **개역개정판**을 원칙으로 하였으며,
일부분은 **개역판**을 사용하였다.
② **주석**은 **그랜드 종합주석**을 주로 참고하였다.
③ **원어 성경**으로는 구약은 히브리어 **구약 원어분해 성경**을,
신약은 헬라어 **분해대조 성경**을 일부 참고하였다.
④ **외국어 성경**으로는 **일본어 성경**을 주로 참고하였으며
영어 성경도 일부 참고하였다.

※**성경 본문 말씀**을 음성으로 듣기 원한 독자를 위해서,
저자의 목소리로 녹음한 성경 본문 음성파일을
유튜브와 블로그에 올려놓았다.
따라서 채널명 **장병재 목사**로 검색하여 청취하거나
또는 파일을 다운받아 사용할 수 있다.

목 차

※ 명확히 해두면 유익할, 핵심 내용 10

1. 예수님의 멍에와 그 의미!(32번)

2. 구원의 길이 되신 예수님!(71번)

3. 구원에 이를 필요충분조건!(61,72,93번)

4. **예수 그리스도의 구속의 은총이 우리에게 작동되는 그 원리!**(45,63번)

5. 말씀의 보고(寶庫)인 만나의 그 의미!(41번)

6. 십일조 예물의 진정한 그 의미!(100번)

7. 절기 준수와 그 의미!(37번)

8. 구약의 5대 제사와 그 방법!(46번)

9. 예수님의 지상 재림과 천년왕국!(92번)

10. 유한한 인생, 행복하게 사는 길!(18번)

말씀의 강가에 내 영혼 집을 짓고!

말씀의 강가에
내 영혼 집을 짓고
날마다 그 생수 길어 마시면
얼마나 좋을까?

내 영혼의 식탁 위에는
66가지 생명의 양식
곱게 차려놓고
주님 모셔 함께 하면
그 얼마나 행복할까?

말씀의 분량은
은혜의 분량이요
행복의 분량이며
우리 주님과 동행의 분량이니!
오늘도 나는 주님과 동행하리라!

말씀을 사모함으로 가까이하고
암송함으로 묵상하면서
에녹처럼 노아처럼 그리고 바울처럼
오늘도 나는 주님과 동행하리라!

제1권 신구약 100선 _(총 216절)

내 영혼의 만나 1

하나님은 우리의 피난처시요 힘이시니 환난 중에 만날 큰 도움이시라. 그러므로 땅이 변하든지 산이 흔들려 바다 가운데 빠지든지 바닷물이 흉용하고 뛰놀든지 그것이 넘침으로 산이 요동할지라도 우리는 두려워 아니하리로다.(시46:1~3)(개역)

우리의 피난처 되신 하나님!

우리는 인생을 살면서 크고 작은 위기 상황에 직면할 수밖에 없다. 그때마다 근심은 그 위기를 앞세우고 내 곁에 파도처럼 밀려온다. 이러한 실존에 직면한 우리에게 하나님은 고라 자손을 통하여 말씀하시길, 하나님은 **우리의 피난처시요 힘**이시니 **그 어떤 상황에서도 두려워하여 요동하지 말라**고 깨우쳐 주신다. 이 말씀의 본질적 의미는 나약한 믿음이 아니라 하나님을 절대 의지한 담대한 믿음으로 승리하라는 의미이다. 하나님은 자기를 절대 의지한 자 결코 버리지 아니하시고 눈동자처럼 지키시는 능력의 하나님 사랑의 하나님이시기 때문이다.(신32:10)

그러므로 우리는 쉼 없이 불어오는 위기 앞에서 마치 **낙엽**처럼 불려가며 **요동치는 그런 믿음**이 아니라, **갈대**처럼 흔들리는 **나약한 믿음**이 아니라 하나님만을 **절대 신뢰한 믿음** 하나님만을 **절대 피난처 삼은 믿음**으로 살아가야 한다.

바닷가의 **따개비의 일생**을 보라! 갯바위에 찰싹 붙어서 그 모진 바닷가의 파도를 이겨내며 살아가는 그 따개비를 보라! **미물인 따개비**도 갯바위에 찰싹 붙어서 그 바위를 절대 신뢰하고 절대 의지하며 살아가는데, 하물며 갯바위와는 결코 비교가 되지 않을 창조주 하나님! 능력의 하나님을 우리가 어찌 절대 신뢰 절대 의지하지 않으랴!

따라서 **본문의 결정적인 메시지**는 고라 자손의 담대한 그 믿음처럼 오늘 우리의 믿음도 하나님만을 절대 신뢰, 절대 의지한 믿음으로 담대하게 살아가기를 바라신 하나님의 뜻이 담겨있다. 우리가 이렇게 하나님만을 절대 신뢰, 절대 의지한 「**거룩한 근성의 믿음**」으로 살아갈 때 하나님은 바로 그 큰 믿음을 주목하시고 기꺼이 능력으로 개입하시기를 기뻐하시기 때문이다.

◎ **하나님을 절대 신뢰! 절대 의지한 믿음으로 승리하라.**
  승리의 원천은 나에게 있지 않고 오직 하나님께 있는 것이니!

내 영혼아! 네가 어찌하여 낙망하며 어찌하여 내 속에서 불안하여 하는고! 너는 하
나님을 바라라. 나는 내 얼굴을 도우시는 내 하나님을 오히려 찬송하리로다.(시
42:11)(개역)

자기 영혼을 위로하고 있는 순례자의 기도!

우리의 위로의 대상은 타인만이 아니다. 자신이 자신의 영혼을 향하여 믿음의
말로 위로할 수도 있어야 한다. 내 이름으로가 아니라 **오직 성3위 하나님의 이름**
으로 위로할 수 있어야 한다.

본 시편을 기록한 주인공 다윗(?)은 자신에게 주어진 암울한 상황으로 말미암아
그의 영혼이 자기 속에서 불안해할 때 그는 그의 영혼을 향해 하나님만을 바라보
라고 소망으로 위로를 하고 있다. 나아가 그는 하나님이 반드시 도우실 것임을
확신하며 그러한 은총을 베푸실 하나님을 찬양하겠다고 고백하고 있다. 실로 위
대한 믿음의 고백이요 우리를 향한 하나님의 교훈이다.

이 시편은 고라 자손이 하나님을 찬양하기 위하여 수집한 교훈의 시인데 이 시
를 직접 기록한 주인공은 믿음의 사람 다윗 왕으로 추정한다. 왜냐하면 이 시편
을 기록한 주인공인 그는 요단강 동쪽과 그 북단 등 수많은 도피의 흔적을 남기
고 있을 뿐 아니라 그러한 도피의 와중에도 하나님만을 절대 신뢰한 믿음을 잘
보여주고 있기 때문이다.

다음은 그가 궁지에 내몰린 상황임 잘 보여주는 그의 고백이다.

"내 하나님이여! 내 영혼이 내 속에서 낙망이 되므로 내가 요단 땅과 헤르몬과
미살 산에서 주를 기억하나이다."(시42:6)

하나님이 이 시를 통하여 우리에게 주신 말씀은 우리가 인생을 살다가 낙심될 때에 **낙심하지 말라**는 뜻이다. 낙심하기보다 도움의 손길 되신 하나님만을 바라보고 **절망 대신 소망을 가지라**는 것이다. 더 나아가 적극적인 믿음으로 도움의 손길 되신 하나님만을 찬양하며 일어서기를 바라신 뜻이 담겨 있다. 왜냐하면 하나님을 찬양함이 문제를 푸는 가장 확실한 열쇠이기 때문이다.

◎하나님을 찬양함으로 문제를 푼 성경의 사례!

하나님을 찬양함으로 문제를 푼 가장 좋은 사례는 유다 왕 여호사밧이다. 그는 유다를 공격해 온 3개 연합군 모압, 암몬, 마온 사람들이 유다를 치고자 나아올 때 이 전쟁을 위하여 금식 기도로 하나님께 물어 응답을 받았다.(대하20:15) 그리하여 그 전쟁을 치르고자 출전했다. 이때 찬양대를 군대 앞에 앞세워 하나님을 찬양하며 진군하니 그 응답으로 대승을 거두게 된 것이다. 그래서 유다 왕 여호사밧과 백성의 무리들은 자신들의 찬양에 승리로 화답하신 그 여호와 하나님께 다시금 감사의 찬양을 하였으니, 승리를 거둔 그 골짜기에서 여호와 **하나님을 찬양**하였다는 의미로 「브라가(찬양) 골짜기」라고 불리게 되었던 것이다.(대하20:19~26).

그러므로 우리는 이와 같은 다윗의 믿음과 여호사밧의 믿음을 본받아 그 어떤 경우에도 낙심하지 아니하고 하나님만을 절대 신뢰하며 찬양하는 믿음의 사람이 되어야한다. 내 인생의 고비 고비마다 하나님을 찬양함으로 기쁘시게 해드리며, 그리하여 **승리의 반전**을 누리며 다시금 하나님을 찬양함으로 높여드리는 「브라가 골짜기」가 되어야한다.

너희는 마음에 근심하지 말라. 하나님을 믿으니 또 나를 믿으라. 내 아버지 집에 거할 곳이 많도다. 그렇지 않으면 너희에게 일렀으리라. 내가 너희를 위하여 처소를 예비하러 가노니 가서 너희를 위하여 처소를 예비하면 내가 다시 와서 너희를 내게로 영접하여 나 있는 곳에 너희도 있게 하리라.(요14:1~3)(개역)

최고의 약속! 최고의 소망!

예수님이 우리에게 하신 **최고의 약속**은 뭐니 뭐니 해도
① 우리 예수님이 다시 오시겠다는 「**재림의 약속**」이요
② 우리 예수님이 계신 그 영원의 세계에 우리도 함께 있게 해주시겠다는 「**영생의 약속**」이다.

예수님은 십자가의 대속을 앞두고 제자들과 마지막 유월절 식사를 하시면서 자신이 이 세상을 떠나가실 것을 말씀하셨다. 그러자 제자들이 마음에 근심을 하니 근심하지 말라고 하시며 약속하신 말씀이 바로 본문 말씀이다.

그러므로 오늘 우리는 예수님의 약속 중에 약속인 **재림과 영생의 약속**을 붙들고 살아가야 한다. 언젠가는 끝내 물거품이 되고야 말 허무하고 허무한 **이 땅의 소망**이 아니라 오직 영생에 참여할 **하늘의 소망**으로 살아가야 한다.

그 성호를 자랑하라. 무릇 여호와를 구하는 자는 마음이 즐거울지로다. 여호와와 그
능력을 구할지어다. 그 얼굴을 항상 구할지어다.(대상16:10~11)(시105:4)(개역)

> **여호와 하나님의 이름만을 높이고 가까이하며 그의 도우심만을 구하고 살라!**

하나님의 백성은 마땅히 여호와 하나님만을 **자랑스럽게 여기며** 늘 가까이하고
그의 능력을 항상 구하며 살아가야 한다. 특히 찬양함으로 자랑스럽게 여기며 늘
가까이함으로써 그의 얼굴을 구하며 살아가야 한다. 이것은 하나님의 자녀로서
마땅한 도리이자 동시에 **특권**인 것이다. 하나님의 자녀로서 도리를 다하며 특권
을 누리는 것 이것이 믿음이다.

본문의 배경은 믿음의 사람 다윗 왕이 하나님의 언약궤를 찾아 예루살렘으로
옮겨와 안치한 후 하나님께 드린 감사의 고백이자 찬양을 그 배경으로 한다. 하
나님의 언약궤는 엘리 제사장 시절(BC1075년경) 블레셋과 에벤에셀 전투(또는 아벡
전투)에서 빼앗긴 후 7개월 동안 이방 땅 블레셋에 머물다가 하나님의 능력으로
이스라엘 땅으로 돌아오게 된다.(삼상6:12) 하지만 그 이후 무려 약 70년 동안이나
그 언약궤는 이스라엘 백성들에게 잊혀 진 채 숲의 성읍 기럇여아림(=바알레 유다)
에 방치되어 있었다.(삼하6:2,대상13:5)

다윗은 이러한 언약궤를 그가 유다지파의 왕위에 올라 7년 반을 통치했던 헤브
론 시대를 끝내고 드디어 이제 이스라엘 전체 지파의 왕으로 등극하게 되었을 때
에 예루살렘으로 옮겨 오게 된다. 이때 그는 하나님의 임재의 상징인 언약궤를
찾아 나섰는데 숲의 성읍 기럇여아림에서 찾아냈다.(시132:6) 그 이후 이 언약궤
를 옮겨오게 되는데 그와 같은 사실을 감격하여 다윗은 감사의 찬양을 하고 있는

것이다.

　참고로 **언약궤 방치 기간 70년**은 사울 왕 이전 약 20년(삼상7:2)과 사울 왕 재위 40년! 그리고 다윗이 재위하여 안정기에 이르기까지 약 10년 이렇게 70년이나 방치되어 있었던 것이다.(사실 이스라엘 백성들의 언약궤 방치 기간 70년은 장차 바벨론 포로 생활 70년과 연관선 상에서 이해해야 할 것이다.)

　다윗은 왕위에 오르기 전 대적 사울 왕에게 무려 10년 동안이나 쫓기면서 생명의 위기를 느낄 때마다 하나님께 간절히 부르짖어 응답을 받았다. 그리고 그는 하나님의 은총으로 이스라엘 전체 지파 왕의 자리까지 오르고 위대한 믿음의 왕이 된 것이다. 이런 면에서 다윗은 그의 삶 자체가 **하나님의 능력과 그의 도우심**을 온전히 입은 산 증거이다.

　이런 면에서 다윗이 드린 이 감사의 기도문은 다윗의 찬양이요 믿음의 고백이지만 궁극적으로는 우리가 하나님 앞에서 어떠한 믿음으로 살아가야 할지를 깨우쳐 주시는 하나님의 말씀 자체이다.

　하나님은 다윗의 고백을 통하여
　① 하나님의 그 이름을 찬양함으로써 **자랑스럽게 여기고** 살아가며
　② 그 하나님을 **늘 가까이하고** 그리하여 **그의 능력을 늘 구하며** 살아가고
　③ 그리하여 **마음의 기쁨을 누리는 주인공**이 되어야 함을 깨우쳐 주신다.
　인간의 능력은 제한되어 있으니, 자신의 유한한 힘과 능력으로 그 무엇을 이루며 살려고 하는 어리석음을 온전히 버리고 하나님만을 전적으로 의지하며 그의 도우심을 힘입어 살라는 것이다.
　그러므로 오늘 우리는 하나님을 찬양함으로써 자랑스럽게 여기며 늘 가까이하여 그의 능력을 항상 구하며 살아가야 한다. 이것이 믿음으로 사는 인생이다.

귀인들을 의지하지 말며 도울 힘이 없는 인생도 의지하지 말지니 그의 호흡이 끊어지면 흙으로 돌아가서 그 날에 그의 생각이 소멸하리로다. 야곱의 하나님을 자기의 도움으로 삼으며 여호와 자기 하나님에게 자기의 소망을 두는 자는 복이 있도다.(시 146:3~5)

인간 그 누구를 의지함이 아니라 하나님만을 절대 의지하라!

우리가 의지할 그 대상은 오직 하나님 한 분 뿐이시다. 인간은 지위고하를 막론하고 우리의 의지의 대상이 결코 될 수 없다. 왜냐하면 인간은 너나 할 것 없이 모두가 다 호흡이 끝나면 곧바로 흙으로 돌아갈 수밖에 없는 유한 자이기 때문이다.

그래서 본문 시편은 인간과 대비되는 「하나님의 절대 능력과 절대 신실하심」을 강조하고자 「여호와 하나님, 야곱의 하나님」으로 말씀하신 것이다. 하나님은 택한 자기 백성을 능력으로 지키시되 눈동자처럼 지키시는 절대 보호의 하나님이기 때문이다.(신32:10)

그러므로 오늘 우리는 유한한 능력을 가진 유한한 인생 그 누구를 의지하는 어리석음을 버리고 능력의 하나님만을 절대 의지하며 그 하나님께 소망을 두고 살아가는 진정으로 복이 있는 자가 되어야 한다.

아무것도 염려하지 말고 오직 모든 일에 기도와 간구로 너희 구할 것을 감사함으로 하나님께 아뢰라. 그리하면 모든 지각에 뛰어난 하나님의 평강이 그리스도 예수 안에서 너희 마음과 생각을 지키시리라.(빌4:6~7)(개역)

염려 대신 기도를! 모든 일에 기도를! 감사함으로 기도를!

기도의 3대 원칙! 그것은

① **염려 대신에 기도**하며,

② **모든 것에 기도**하며,

③ **감사함으로 기도**하는 것이다. 왜냐하면 하나님은 우리의 사정을 비록 잘 아시지만 우리가 **구체적으로 기도**할 때 우리의 기도에 응답해 주시기를 기뻐하시기 때문이다.

그래서 사도 바울은 오늘 우리에게 모든 일에 기도하되 염려되는 그 상황 속에서도 염려 대신에 기도하며 감사함으로 기도하라고 증거한다.

우리가 기도해야 할 그 까닭은 하나님은 우리가 기도할 때마다 분명히 가까이 하시기 때문이다.(신4:7) 하나님이 가까이하심은 그 자체로써 은총이다. 하나님이 가까이 하시면 그 **임재의 은총** 때문에 우리를 감싸고 있던 모든 어두움의 실체들은 자연스럽게 사라질 수밖에 없기 때문이다. 마치 아침 해가 떠오르면 어두움은 자연스럽게 물러갈 수밖에 없듯이 하나님의 권세 앞에서 모든 어두움의 실체들은 사라질 수밖에 없는 것이다.

이런 면에서 기도의 열매는 ① **하나님의 임재의 은총**을 누리게 되며, 그 임재의 은총으로 말미암아 ② **문제 해결의 은총**을 누리게 되는 것이다. 나아가 궁극적으로는 최상의 복인 ③ **평강의 은총**을 누리게 되는 것이다.

그래서 이와 같은 은총을 수없이 체험한 사도 바울은 그 사실을 우리에게 깨우쳐 주고자 **"아무것도 염려하지 말고 오직 모든 일에 기도와 간구로 너희 구할 것을 감사함으로 아뢰라"**고 당부한 것이다.

그러므로 우리는 문제 앞에서 낙심될 때 그 낙심 대신에 "아무것도 염려하지 말고" 기도해야 한다.

염려 앞에서 최상의 자기방어는, 염려가 아니라 기도요 하나님의 임재하심의 은총이다!

두려워 말라. 내가 너와 함께 함이라. 놀라지 말라. 나는 네 하나님이 됨이라. 내가 너를 굳세게 하리라. 참으로 너를 도와주리라. 참으로 나의 의로운 오른손으로 너를 붙들리라.(사41:10)

자기 백성을 향한 하나님의 위로와 약속!

하나님은 우리가 흠이 있음에도 불구하고 ① **함께 하시고** ② **도와주시겠다고 약속**하신다. 그러므로 우리는 이 약속을 붙들고 살아가야 한다. 본문의 직접적인 배경은 **제1차 선민**인 이스라엘을 향한 메시지이다. 하나님은 남 유다가 장차 120여 년 후 (BC586년) 바벨론 제국의 포로가 되어 그곳 바벨론에서 기가 꺾여 살아가게 될 것을 미리 내다보시고 이사야 선지자를 통하여 이렇게 말씀하신 것이다. 그들은 머나먼 이국땅 바벨론에 살면서 하나님이 자신들을 버렸다고 생각하고 낙심하며 살겠지만, 하나님은 그들을 버리심이 아님을 분명히 하신다.

하나님은 그들을 버리신 하나님이 아니라
① **그들의 하나님**이 되시며
② **그들과 함께하심**으로써
③ **보호해 주실 하나님**이심을 분명히 하신 것이다.

그들을 **확실히 보호하고 지켜 주실 것임**을 구체적으로
① 굳세게 해주며
② 도와주며
③ 붙들어 주시겠다고 약속하신 것이다.

그들이 징계받게 된 원인은 하나님께 선택받은 거룩한 민족이었음에도 불구하고 하나님을 거역하고 우상숭배에 열심인 「영적 간음의 백성들」이었기 때문이다. 이러한 그들을 향한 하나님의 징계는 당연한 결과이지만 그럼에도 불구하고 하나님은 그 징계가 끝나면 회복시켜 주실 것을 약속하신 것이다.

선민 이스라엘 백성들의 결정적인 실수는 하나님의 임재의 상징이자 하나님과 만남의 처소인 언약궤를 무려 70여 년 동안이나 방치하고 우상숭배에 빠져 살았던 배은이었다. 그러므로 바벨론 포로 생활 70년은 사실 하나님의 언약궤 방치 기간 70년과도 전혀 무관하지 않다. 그들은 하나님의 언약궤를 70여 년 동안이나 방치하고도 모자라 그 이후에도 거의 대부분의 세월을 마음에 하나님이 없이 살았던 민족이었다. 이러한 그들을 바벨론 포로 생활이라는 뜨거운 용광로에서 구워내실 수밖에 없었지만, 하나님은 최종적으로는 회복을 약속하고 계시니 그것은 하나님의 구속사를 이루기 위한 「언약의 신실성」 때문이다.

이와 같은 하나님의 위로와 소망의 메시지는 먼 옛날 바벨론 포로가 되었던 남유다 백성들에게만 주신 단지 과거적 메시지만이 아니다. 오늘 우리에게도 동일하게 유효한 위로와 소망의 메시지이다. 믿는 우리는 예수 그리스도 안에서 구원으로 예정된 제2차 선민이기 때문이다.

그러므로 오늘 우리는 이와 같이 언약에 신실하신 하나님 앞에서 오직 하나님의 언약만을 붙들고 살아가야 한다.

여인이 어찌 그 젖 먹는 자식을 잊겠으며 자기 태에서 난 아들을 긍휼히 여기지 않겠느냐 그들은 혹시 잊을지라도 나는 너를 잊지 아니할 것이라.(사49:15)

하나님의 긍휼과 그 사랑의 절대 불변성!

우리를 향한 **하나님의 긍휼과 그 사랑**은 **절대 불변**이다. 그러므로 우리는 우리의 허물에도 불구하고 하나님의 긍휼과 그 사랑을 꼭 붙들고 살아가야 한다. 하나님은 우리의 사소한 허물 때문에 우리를 버리시는 그런 하나님은 아니시기 때문이다. 하나님은 이 사실을 깨우쳐 주시기 위하여 이사야 선지자를 통하여 증거하시기를 자신의 긍휼과 사랑을 긍휼과 사랑의 대명사인 「**어머니의 긍휼과 사랑**」에 견주어 말씀하신다.

어머니는 젖먹이는 자기 자식을 절대 잊지 않는다. 그 자신이 산고의 고통을 겪고서 낳은 사랑하는 자식이기 때문이다. 이처럼 하나님은 택한 자기 백성을 결코 잊지 아니하실 것임을 강조하기 위하여 **어머니의 크신 사랑**을 그 예로 들어 말씀하신 것이다. 하나님이 이렇게 말씀하신 그 까닭은 자신을 거역한 선민 이스라엘 백성들이 장차 바벨론 포로 생활을 겪게 되면서 하나님으로부터 버림받은 존재라고 생각하며 절망감에 빠져 살게 될 것을 내다보셨기 때문이다. 이러한 저들에게 하나님은 택한 자기 백성을 결코 잊지 않고 반드시 구원해 주실 것을 약속하신 것이다. 동시에 이 약속의 말씀은 예수 그리스도 안에서 **구원으로 예정하신 모든 하나님의 백성들**을 **반드시 구원**하실 것임을 확증하신 약속의 말씀이기도 한 것이다.

그러므로 오늘 우리는 그 어떤 상황 속에서도 심지어 하나님이 혹시 나를 버리신 것은 아닌가 하는 의심의 마음이 파도처럼 밀려올 상황 속에서도 그 모든 의심을 버리고 하나님의 언약을 붙든 **절대 확신의 믿음**으로 살아가야 한다.

항상 기뻐하라. 쉬지 말고 기도하라. 범사에 감사하라. 이것이 그리스도 예수 안에서 너희를 향하신 하나님의 뜻이니라.(살전5:16~18)

그리스도인이 추구해야 할 3대 지향점!

우리는 사는 동안 하나님 앞에서

① **항상 기뻐하며,**

② **쉬지 말고 기도하며,**

③ **범사에 감사**하며 살아야 한다. 그 이유는 그리스도인은 성부 하나님의 절대 예정의 은총에 의해 예수 그리스도 안에서 구원받은 하늘의 시민권 자이기 때문이다.

그러므로 우리는 이와 같은 하늘 소망 때문에 이 땅을 사는 동안 기뻐하되 항상 기뻐하고, 기도하되 쉬지 말고 기도하며, 감사하되 범사에 감사하며 살아야 한다. 이와 같은 믿음으로 사는 것이 하나님의 뜻이기 때문이다.

복 있는 사람은 악인들의 꾀를 따르지 아니하며 죄인의 길에 서지 아니하며 오만한 자들의 자리에 앉지 아니하고 오직 여호와의 율법을 즐거워하여 그의 율법을 주야로 묵상하는도다. 그는 시냇가에 심은 나무가 철을 따라 열매를 맺으며 그 잎사귀가 마르지 아니함 같으니 그가 하는 모든 일이 다 형통하리로다.(시1:1~3)

악인들은 그렇지 않음이여! 오직 바람에 나는 겨와 같도다. 그러므로 악인들은 심판을 견디지 못하며 죄인들이 의인들의 모임에 들지 못하리로다. 무릇 의인들의 길은 여호와께서 인정하시나 악인들의 길은 망하리로다.(시1:4~6)

하나님 앞에서 복 있는 자로 사는 길!

하나님 앞에서 복 있는 자로 사는 길은 무엇인가? 그것은 다름 아닌 하나님으로부터 인정받으며 사는 것이다. 이러한 사람은 「**하나님이 좋아하시는 것을 자신도 좋아하고 하나님이 싫어하시는 것을 자신도 싫어하며 산다.**」 이러한 절대적 기준이 있기 때문에 그는 악인을 따르지도 그 길을 따라 걷지도 않는다. 그래서 오직 하나님만을 가까이하며 살기 위하여 하나님의 말씀을 늘 묵상하며 산다.

하나님은 이러한 믿음의 사람을 ① **의인으로 인정**해 주시고 ② **열매를 많이 맺게** 하시며 ③ 그가 **행하는 바를** 형통하게 하신다. 반면에 악인은 하나님과 그의 말씀을 멀리하며 하나님이 싫어하는 것만 골라서 행하며 살기 때문에 그의 결국은 하나님의 심판을 견딜 수 없으며 필연적으로 망할 수밖에 없는 것이다. 그러므로 우리는 악인의 길을 멀리하고 오직 하나님만을 가까이하며 살아야 한다.

주의 말씀의 맛이 내게 어찌 그리 단지요! 내 입에 꿀보다 더 다니이다.(시119:103)

꿀보다 더 달콤한 하나님의 말씀!

꿀은 그 달콤함 때문에 우리가 먹을 수 있는 양식 중에서 **가장 감미로운 것을 상징**하는 대표 대명사가 된 것이다. 그런데 우리 인간은 이 땅의 양식만으로 살 수 있는 것이 아니다. 하나님의 형상으로 지음 받은 존귀한 존재이기 때문이다.

이런 면에서 우리의 영혼은 이 세상의 그 무엇으로는 결코 채워질 수 없으며 오직 하나님과 그의 말씀으로 채워질 때 비로소 채워질 수 있는 것이다. 그러므로 우리는 우리 영혼에 꿀보다 더 달콤하고 유익한 하나님의 말씀을 늘 가까이하며 살아야 한다.

하나님의 말씀을 가까이하며 사는 길만이 행복의 원천이요 우리가 살길이며 우리의 영혼이 채워질 수 있는 가장 유일한 길이기 때문이다. 그래서 성 어거스틴은 이러한 자각의 은총이 그의 심령 속에 밀물처럼 밀려왔기 때문에 모든 방황을 접은 이후 이렇게 고백한 것이다. "우리의 영혼은 당신으로 채워지기 전까지는 결코 채워질 수 없습니다."

내 아들아 꿀을 먹으라. 이것이 좋으니라. 송이 꿀을 먹으라. 이것이 네 입에 다니라. 지혜가 네 영혼에게 이와 같은 줄을 알라. 이것을 얻으면 정녕히 네 장래가 있겠고 네 소망이 끊어지지 아니하리라.(잠24:13~14)

말씀의 꿀을 먹으라!

꿀과 송이 꿀은 지혜를 의미하며 **하나님의 말씀**을 의미한다! 이런 면에서 꿀과 송이 꿀은 하나님의 말씀에 대한 다른 표현이다. 꿀과 송이 꿀은 사실상 동의어이지만 그 차이점은 꿀은 말 그대로 꿀에 대한 통칭이라면 송이 꿀은 **벌집에 들어 있는 상태의 꿀** 또는 **갓 채취한 꿀**로서 아주 **싱싱하고 감미로운 꿀**을 의미한다.

그러므로 꿀을 먹으라는 그 의미는 나의 영혼에 영적인 꿀과도 같은 하나님의 말씀을 가까이하고 살라는 거룩한 명령이다. 또한 송이 꿀을 먹으라는 그 의미는 반복적 표현이자 구체적으로는 벌집 하나하나에 꿀이 들어 있듯이 **하나님의 말씀 구석구석에 들어있는 영혼의 만나**를 가까이하여 그것을 양식으로 삼고 살라는 의미이다.

왜냐하면 진정한 우리의 장래와 소망이 하나님께 있으며 그의 말씀을 가까이하는 오직 말씀 중심적인 삶 속에 있기 때문이다.

우리의 연수가 칠십이요, 강건하면 팔십이라도 그 연수의 자랑은 수고와 슬픔뿐이요, 신속히 가니 우리가 날아가나이다.(시90:10) 우리에게 우리 날 계수함을 가르치사 지혜로운 마음을 얻게 하소서!(시90:12)

날아가는 우리의 인생!

언젠가 반드시 끝이 있는 인생! 신속히 날아가는 인생! 강건해 봐야 팔십여 년 밖에 살지 못한 인생! 이것이 시간 속 인생의 현주소이다. 뭔가를 이루겠다고 수고하고 애쓰며 살아온 인생길을 뒤돌아봐야 그 열매는 수고와 슬픔뿐인 인생! 이 것이 유한 속 인생의 발자취요 한계이다.

그러므로 유한함이라는 한계를 지닌 우리 인생들에게 이 땅에서의 우리의 날들을 바르게 계수하며 살아야 함을 깨우쳐 주신 것이다.

바르게 계수함이란, 이 땅에서의 인생의 나날은 **너무 짧아 덧없는 것**이니 이 사실을 깨닫고 **인생을 엉뚱하게 낭비하지 말라는 것**이다. 자신의 한계를 깨닫고, 유한한 그 무엇이 전부인 양 너무 몰입하여 세월만 낭비하지 말고 **영원을 지향한 인생을 살라는 것**이다. 언젠가 사라질 이 세계가 아니라 오직 하나님과 영원한 그 도성을 바라보고 거룩한 나그네로 살라는 것이다. 이것이 진정한 소망이요 자각이며 지혜임을 깨우쳐 주신 것이다.

여호와여! 나의 종말과 연한이 언제까지인지 알게 하사 내가 나의 연약함을 알게 하소서! 주께서 나의 날을 한 뼘 길이만큼 되게 하시매 나의 일생이 주 앞에는 없는 것 같사오니 사람은 그가 든든히 서 있는 때에도 진실로 모두가 허사뿐이니이다.(시 39:4~5)

유한한 우리의 인생!

믿음의 사람 다윗은 그의 노년에 자신의 일생을 돌이켜 보며 "나의 일생이 주 앞에는 없는 것 같다."고 고백한다. 그는 우리보다 3,000년을 앞질러 지구라는 행성인 이 세상에 와서 70년의 인생을 살다 떠나간 믿음의 사람인데 하나님은 그의 고백을 통하여 우리를 깨우쳐 주고 계신 것이다.

그것은 우리는 ①「유한 자」라는 사실이요 우리가 잠시 사는 동안 주어진 모든 것들 조차도 결국은 ②「무로 돌아갈 수밖에 없는 것」이라는 사실을 깨우쳐 주고 있으며 심지어 자기 나름대로는 든든히 서 있다고 생각하는 그 순간들까지도 「무로 돌아가는 과정에 불과할 뿐」이라는 사실을 깨우쳐 주고 있다.

그러므로 우리는 유한 자라는 사실을 깨닫고 인생을 살아야 한다. 하나님이 이렇게 깨우쳐 주신 그 이유는 우리 존재의 위치가 스스로는 유한한 존재요 허무한 존재이니 이 사실을 빨리 자각하고 우리 인생의 궁극적인 소망을 영원 자 되신 하나님께 두고 살라는 것이다.

그런데 하나님은 다윗의 고백을 통하여 왜 그렇게도 우리가 유한 자임을 강조하시는 것일까? 그것은 유한과 대비되는 영원을 바라보게 하고자 하심이다. 이런 면에서 우리에게 잠시 주어진 시간은 하나님이 우리에게 허락하신 선물이자 「**영원을 바라보게 하는 창문**」이기도 한 것이다. 그러므로 우리는 영원에 비하면 그 좌표조차 찍을 수 없는 **유한한 시간 속의 인생**을 살고 있다는 사실을 깨닫고 우리는 언제나 그 창문을 영원을 향해 열어놓고 살아야한다!

내 영혼의 만나 15

진실로 각 사람은 그림자 같이 다니고 헛된 일로 소란하며 재물을 쌓으나 누가 거둘는지 알지 못하나이다. 주여! 이제 내가 무엇을 바라리요! 나의 소망은 주께 있나이다.(시39:6~7)

유한한 우리 인생의 궁극적 답이 되신 영원 자 되신 하나님!

이 땅에서 사는 우리의 인생은 너무나 짧은 「유한한 인생」이다. 그 실체조차 인정받기 어려운 「그림자 인생」이다. 이러한 인생의 실존하는 모습은 나름대로 열심히 수고하고 애쓰지만, 자기 수고의 열매를 자기 자신이 거둔다는 보장도 없다. 자신의 내일을 예측할 수 없는 존재이기 때문에 그 수고를 누가 거둘지도 모른다.

그러므로 이와 같은 그림자 인생은 참 소망을 오직 하나님께 두고 살아야 한다. 자신이 바라고 소망하는 바를 끝내 없어질 이 땅의 그 무엇에 둠이 아니라 하나님께 두고 살아야 한다.

믿음의 사람 다윗은 그 사실을 철저히 자각하였기 때문에 "나의 소망은 주께 있나이다."고 고백한 것이다. 따라서 오늘 우리도 우리의 실존의 한계를 깨닫고 소망을 하나님께 둔 자로 살아야 한다. 이것이 진정한 자각에 이른 믿음의 사람이다.

내 영혼의 만나 16

내가 이제 세상 모든 사람이 가는 길로 가게 되었노니 너는 힘써 대장부가 되고 네 하나님 여호와의 명령을 지켜 그 길로 행하여 그 법률과 계명과 율례와 증거를 모세의 율법에 기록된 대로 지키라. 그리하면 네가 무엇을 하든지 어디로 가든지 형통할지라. (왕상2:2~3)

아들 솔로몬을 향한 다윗의 유언이자 최상의 유언!

다윗 왕이 아들 솔로몬에게 남긴 「**최상의 유산**」은 오직 하나님과 그의 말씀 중심으로 살라는 「**그의 믿음의 유언**」이다. 동시에 이와 같은 다윗 왕의 유언은 모든 시대의 하나님 백성들이 어떤 믿음으로 살아야 할지를 깨우쳐 주시는 하나님의 말씀 자체이다.

다윗이 아들 솔로몬에게 남긴 유언의 핵심은
① 하나님의 명령을 그대로 지켜 「**그 길로 행하며**」,
② 그 법률과 계명과 율례와 증거를 「**지키라**」는 것이다.

그리하면 하나님이 친히 책임져 주시며 모든 일에 형통함으로 인도해 주실 것이니 오직 그의 말씀대로만 살라는 것이다.
그러므로 오늘 우리는 이 약속의 말씀을 붙들고 **오직 하나님 중심, 성경 중심**에 근거한 **행함의 믿음**으로 살아야 한다.

인생은 그 날이 풀과 같으며 그 영화가 들의 꽃과 같도다. 그것은 바람이 지나가면 없어지나니 그 있던 자리도 다시 알지 못하거니와 여호와의 인자하심은 자기를 경외하는 자에게 영원부터 영원까지 이르며 그의 의는 자손의 자손에게 이르리니 곧 그의 언약을 지키고 그의 법도를 기억하여 행하는 자에게로다.(시103:15~18)

인생의 유한과 하나님의 영원성!

하나님은 다윗의 고백인 시편 말씀을 통하여

① **우리의 실존의 유한성과**

② **여호와의 영원성,**

③ 그리고 이와 같은 **여호와의 은총을 누릴 절대적인 조건**이 무엇인지를 깨우쳐 주신다.(여호와라는 신명은 창조주 하나님이 친히 밝히신 자신의 이름이며 언약의 신실성을 강조한 신명이다.)

① 우리 실존의 유한성!

우리 실존의 그 위치는 **너무나 미약하고 유한**하여 바람 한번 불면 흔적도 없이 사라질 「들의 풀」에 불과하며, 우리가 잠시 누리는 그 영광도 한순간 피었다가 사라지는 「들의 꽃」에 불과하다고 말씀하신다. 그러므로 이와 같은 우리 실존의 한계를 깨닫고 우리는 영혼의 창문을 위를 향해 열어놓고 살아가야 한다.

② 여호와의 인자하심의 영원성!

여호와의 인자하심은 영원하지만, 그 인자하심은 **자기를 경외하는 자에게 영원**하다고 말씀하신다. 그러므로 우리는 오직 여호와 하나님만을 경외하며 살아가야 한다.

③ 영원하신 여호와의 인자하심을 누릴 그 절대적인 조건!

여호와의 인자하심을 누릴 그 절대적인 조건은 「**여호와를 경외**」 하며 그의 언약과 법도를 기억하여 「**지켜 행하는 것**」 이라고 말씀하신다. 그러므로 우리는 여호와 하나님을 경외하며 살아가되 그 믿음의 구체적인 표지로써 여호와의 말씀을 **지켜 행한 믿음**으로 살아가야 한다.

이처럼 하나님이 본 시편을 통하여 우리를 깨우쳐 주신 그 목적은 무엇일까? 그것은 다름 아닌 이 땅을 살아가는 유한한 우리에게 허무할 수밖에 없는 그 무엇에 붙들려 살아갈 것이 아니라 「**영원하신 여호와와 그 언약**」 만을 붙들고 살아가며, 그리하여 그 복을 자자손손 누리도록 하기 위함인 것이다.

그러므로 우리는 인생을 오직 「**여호와 하나님만을 경외**」 하며! 그의 언약과 법도를 늘 묵상하고 기억하여 그것을 「**지켜 행한 믿음**」 으로 살아가야 한다.

네 헛된 평생의 모든 날 곧 하나님이 해 아래서 네게 주신 모든 헛된 날에 사랑하는 아내와 함께 즐겁게 살지어다. 이것이 네가 평생에 해 아래서 수고하고 얻은 네 몫이 니라.(전9:9)

유한한 인생을 행복하게 사는 길!

모든 것을 다 누려본 솔로몬은 그 후 그의 노년에 그의 인생을 돌이켜 보며 이렇게 고백한다. **사랑하는 아내와 함께 즐겁게 사는 것**이 인생의 행복이라고! 이와 같은 그의 고백은 거듭 반복되고 있으니 "**아내를 얻는 자는 복을 얻고 여호와께 은총을 받는 자니라.**"고 증거하고 있다.(잠18:22) 왜냐하면 아내는 하나님이 처음부터 그렇게 계획하시고 허락하신 배필이자(창2:18) **행복자체**이기 때문이다.(창2:23)

이런 면에서 아내는 **가장 확실한 행복의 실체**이자 가장 가까이에 있는 행복의 통로이며 자기 자신과 분리할래야 분리할 수 없는 「**또 다른 자기 자신**」(창2:21)이라고 정의할 수 있다.

그러므로 우리는 하나님이 우리에게 허락하신 행복은 저 멀리에 있음이 아니라 아주 가까이에 있으며 그것은 행복한 부부 사이에 있음을 깨닫고 수고로운 인생살이 속에서도 **사랑하는 아내와 함께 행복하게** 살아야한다.

주께서 옛적에 땅의 기초를 놓으셨사오며 하늘도 주의 손으로 지으신 바니이다. 천지는 없어지려니와 주는 영존하시겠고 그것들은 다 옷같이 낡으리니 의복같이 바꾸시면 바뀌려니와 주는 한결같으시고 주의 연대는 무궁하리이다.(시102:25~27)

하나님의 영원성을 찬양한 시!

가장 아름다운 믿음의 고백은 하나님을 하나님답게 높여 드리는 행위인 찬양이다. 이와 같은 찬양은 단지 노래로 부르는 것만이 찬양의 전부는 아니다. 하나님을 높여드리는 모든 믿음의 고백은 하나님을 찬양하는 것이다.

그런데 이와 같은 진정한 찬양은 하나님을 올바로 아는 데서 출발한다. 이런 면에서 본 시편은 하나님을 마땅히 찬양해야 할 그 당위성을 제시한 「교훈적 찬양시」인 것이다. 왜냐하면 하나님이 어떤 분이신지를 고백하며 찬양하되! 하나님은 **모든 것을 창조하신 절대자 하나님**이시요 천지는 유한하더라도 하나님은 언제나 **한결같으시며 영원하신 하나님이심**을 고백함으로써 찬양하고 있기 때문이다.

그러므로 우리는 이와 같은 창조주 하나님! 신실하신 하나님을 영원토록 찬양하는 믿음의 사람이 되어야 한다. 이처럼 한결같으신 창조주 하나님은 우리를 구원하시기 위하여 처음부터 계획하시고 때가 차매 여자의 후손으로 그의 독생자를 이 세상에 보내주시고, 그 예수 그리스도를 믿기만 하면 그의 은총 안에서 영원한 하늘의 도성에 이를 수 있도록 그 길을 활짝 열어주셨으니 그 어찌 찬양하지 않으랴!

우리가 주목하는 것은 보이는 것이 아니요 보이지 않는 것이니 보이는 것은 잠깐이요 보이지 않는 것은 영원함이니라.(고후4:18)

유한이 아니라 영원을 바라보고 경주를!

우리의 인생길에는 전혀 다른 두 방향의 경주가 있다. 그것은 **유한한 푯대인 이 세상의 그 무엇**을 향해 달려가는 경주와 **영원한 푯대인 천성**을 향해 달려가는 경주가 바로 그것이다. 그런데 우리는 오직 영원한 푯대 되신 **예수 그리스도와 그의 예비하신 천성**만을 바라보고 전진하는 **믿음의 경주자**가 되어야 한다.

영원할 수 없는 것을 그것이 마치 영원할 것인 양 거기에 무한한 가치를 부여하고 살아가는 어리석음을 범해서는 아니 된다. 끝내 없어질 허무한 그 무엇에 가치를 부여하고 살아가는 것! 그것은 그 마음에 하나님이 없는 세상 백성들이 택한 방식이기 때문이다.

그래서 하나님은 우리가 영원을 바라보고 오직 믿음의 경주를 해야 함을 사도 바울을 통해서 이렇게 말씀하신 것이다. 이 내용은 중요하기 때문에 거듭 사도 요한을 통해서도 「유한과 영원을 대비」 하여 이렇게 말씀하신다. "이 세상도 그 정욕도 지나가되 오직 하나님의 뜻을 행하는 자는 영원히 거하느니라."(요일2:17)

우리가 소망으로 구원을 얻었으매 보이는 소망이 소망이 아니니 보는 것을 누가 바라리요. 만일 우리가 보지 못하는 것을 바라면 참음으로 기다릴지니라.(롬8:24~25)

참음으로 기다린 자만이 누리게 될 완성된 구원!

우리의 구원과 소망은 눈에 보이는 이 세상의 그 무엇으로부터 오지 않는다. 오직 **비가시적으로 계신 창조주 하나님**으로부터 오는 것이다.

그러므로 우리는 **진정한 소망**이 되신 **하나님과 그의 보내신 성자 하나님이신 예수 그리스도**만을 붙들고 오직 믿음으로 살아가야 한다. 이 땅에서 **눈에 보이는 그 무엇**은 결코 우리의 **진정한 소망**이 될 수 없다. 그것들은 영원 자가 아니니 유한하며 한낱 신기루에 불과하기 때문이다.

따라서 우리의 믿음과 소망은 오직 우리의 영원한 거처 되신 예수님과 그 예수님이 예비하신 하늘의 도성이라는 사실을 깨닫고(요14:3) 이 땅에서의 나그넷길을 **오래 참음의 믿음**으로 끝까지 전진해야 한다. 그리하면 우리는 언젠가 그 믿음의 발걸음의 최종도착지인 영원한 하늘의 도성에 반드시 입성할 날이 있기 때문이다.

믿음은 바라는 것들의 실상이요 보이지 않는 것들의 증거니 선진들이 이로써 증거를 얻었느니라.(히11:1~2)

믿음이란 존재의 근원이신 하나님과 그의 언약을 확실히 붙드는 것!

믿음(πιστις:피스티스)이란 한마디로 요약하면 **하나님과 그의 언약을 확실히 붙들고 믿는 것**을 말한다. 그러므로 성경에서 말하는 그 믿음이란 단순히 그 무엇을 붙들고 막연히 '믿습니다'라고 말하는 그런 믿음을 말하는 것은 결코 아니다. **그 믿음의 대상**을 창조주 하나님으로 분명히 하며 그 하나님을 **온전히 신뢰**하는 것을 말한다.

그래서 히브리서는 이와 같은 **분명한 믿음**을 우리가 소망하고 바라는 바에 대한
① 「**실상**」이자
② 「**확신**」이요,
③ 우리의 눈에 보이지 않는 것들에 대한 「**확증**」이라고 증거한다.

왜냐하면 우리의 믿음의 대상이 영원히 실존하신 하나님이시니 허상이 아닌 **실상 중의 실상**이요, 바로 이와 같은 하나님과 그의 약속만을 붙들고 나아가는 것이니 **확신**이요 이것은 단순한 가설이 아니라 가장 명확한 사실 자체이니 **확증**이기 때문이다. 이와 같은 절대 확신에 근거한 그 믿음의 능력이 우리를 하나님께 인정받으며 구원에 이를 수 있도록 인도한다. 그 좋은 사례로 히브리서는 하나님을 향한 **확신과 확증의 믿음**을 분명히 함으로써 하나님께 **인정을 받았던 믿음의 선진들**을 그 예로 들어 증거한 것이다.

그러므로 오늘 우리도 나의 믿음을 하나님 앞에 분명히 함으로써 **하나님께 인정받는 믿음의 사람**이 되어야 한다. 그 길은 예나 지금이나 변함이 없으니 그것은 바로 실상 중의 실상이신 「**하나님과 그의 언약**」만을 붙들되 확실히 붙든 믿음이다. 그리고 이와 같은 믿음의 근원적 뿌리는 예수 그리스도를 믿는 믿음 안에서 출발하되 그 안에서 하나님을 향한 「**확신과 확증의 증거**」를 삼는 데서 출발한다.

내 영혼의 만나 23

주여! 주는 대대에 우리의 거처가 되셨나이다. 산이 생기기 전 땅과 세계도 주께서
조성하시기 전 곧 영원부터 영원까지 주는 하나님이시니이다. (시90:1~2)

우리의 영원한 거처 되신 하나님!

우리가 살고 있는 이 세상인 **지구라는 행성**은 우리의 영원한 거처가 될 수 없
다. 오직 하나님만이 우리의 **진정한 거처**요 **영원한 거처**가 되신다. 우리는 거처
하면 고정관념이 가시적이요, 우리의 육체가 **머무를 공간과 장소**만을 생각하기
쉽지만 그러한 **가시적 거처**는 단지 한시적으로 사용하는 **임시적 거처**에 불과할
뿐이다.

왜냐하면 영원할 것 같은 「**이 세상**」도 결코 영원할 수는 없으며, 내 영혼이 잠
시 옷 입고 살아가는 「**이 땅의 우리의 육체**」도 실상은 **내 영혼의 임시적 거처**에
불과하기 때문이다. 그래서 하나님의 사람 모세는 본 시편 90편을 통하여 영원
하신 하나님만이 우리의 진정한 거처요 영원한 거처가 되심을 "**주여! 주는 대대
에 우리의 거처가 되셨나이다.**"라고 증거 한 것이다.

그러므로 우리는 **가시적 거처**요 **임시적 거처**에 불과한 이 세상이 우리의 영원
한 거처인 양 안주하며 살아가는 어리석음을 범하지 말고 오직 하나님만을 나의
영원한 거처 삼아 살아가는 온전한 믿음의 사람이 되어야 한다.

너의 길을 여호와께 맡기라. 그를 의지하면 그가 이루시고 네 의를 빛같이 나타내시며 네 공의를 정오의 빛같이 하시리로다.(시37:5~6)

온전히 맡김의 믿음!

우리의 믿음의 시작은 하나님을 나의 하나님으로 시인하고 인정하는 **고백의 믿음**에서 출발하지만, 그 믿음은 반드시 모든 것을 하나님께 **온전히 맡기는 성숙한 믿음**으로 나아가야 한다. 왜냐하면 온전히 맡기는 믿음만이 **하나님이 기뻐하실 믿음**이요 **하나님이 역사하실 믿음**이기 때문이다.

하나님의 능력의 역사는 우리가 하나님을 절대 신뢰한 가운데 그와 같은 절대 신뢰의 믿음으로 온전히 맡길 때 나타난다.(수3:14~17) 이와 같은 사실은 하나님이 성경을 통하여 시종일관 증거하고 있는 메시지이다.

그래서 본 시편 37편의 말씀 역시 우리의 믿음은 하나님을 절대 신뢰하여 「온전히 맡긴 믿음」이어야 함을 증거하고 있는 것이다. 그리하면 하나님은 자신에게 온전히 맡긴 그 믿음을 주목하시고 이와 같은 믿음의 사람을 책임져 주시며 높여 주실 하나님이심을 분명히 하신 것이다.

그러므로 오늘 우리는 믿음도 믿음 나름임을 깨닫고 하나님을 절대 신뢰하여 온전히 맡길 수 있는 **큰 믿음**을 달라고 하나님께 간구해야 한다.

너희가 내 안에 거하고 내 말이 너희 안에 거하면 무엇이든지 원하는 대로 구하라. 그리하면 이루리라.(요15:7)

하나님이 기꺼이 응답하실 절대적 조건인, 예수님과 온전히 연합된 믿음!

모든 것에는 조건이 있듯이 하나님이 **기꺼이 응답하심**에도 그 조건이 있다. 그 것은 다름 아닌 「**예수님과 온전히 연합된 영혼**」으로 살아가는 것이다. 즉 **예수 님과 불가분의 관계** 속에 살아가는 것이다.

그런데 우리는 **예수님과 연합된 삶**과는 거리가 먼 인생을 살면서 오직 자기의 필요에 따라 성경말씀의 일부분을 취사선택하여 「**구하면 주신다.**」(마7:7)는 말씀 을 붙들고 응답을 꿈꾸기도 한다. 하지만 구하면 주신다는 **예수님의 산상수훈의** 이 말씀은 하나님의 응답에 대한 **원론적이요 포괄적인 메시지**이다. 인간관계만 이 아니라 하나님으로부터 오는 응답도 하나님이 기뻐하실 그 조건을 갖추고 구 한 것과 그렇지 못하고 구한 것은 그 차원이 같을 수가 없다.

그러므로 우리는 하나님이 기꺼이 응답하실 조건인 **예수님과 온전히 연합된 영 혼**으로 살아가야 한다. 그 길은 ① **하나님의 말씀을 가까이함**으로써 **예수님과 늘 동행**하며, 예수님이 말씀하신 바대로 ② **준행하는 행함의 믿음**으로써 **예수님과 늘 동행**하는 것이다.(요일2:6) 바꿔 말해서 **예수님과 불가분의 관계** 속에서 살아가 는 것이다. 이러한 영혼이 하나님께 구체적으로 그 무엇을 구할 때 어찌 기꺼이 응답해 주시지 않겠는가?

그래서 예수님은 우리가 예수님과 불가분의 관계인 **예수님과 온전히 연합된 영**

혼으로 살아갈 때 하나님이 기꺼이 응해 주실 것임을 "너희가 내 안에 거하고 내 말이 너희 안에 거하면 무엇이든지 원하는 대로 구하라. 그리하면 이루리라."고 말씀하신 것이다.

구하라! 그러면 너희에게 주실 것이요. 찾으라! 그러면 찾을 것이요. 문을 두드리라!
그러면 너희에게 열릴 것이니 구하는 이마다 얻을 것이요. 찾는 이가 찾을 것이요.
두드리는 이에게 열릴 것이니라.(마7:7~8)(개역)

구하고, 찾고, 두드리라!

어린 자녀가 자기 부모에게 필요한 것을 구하는 것은 지극히 자연스러운 일이
듯이 우리는 하늘 아버지께 필요한 것을 늘 구해야 한다. 하나님 앞에서 단지 우
리의 소원을 마음에 품음으로만 끝나서는 아니 된다. 더 적극적으로 하나님이 예
비하신 그 실체를 **믿음의 눈**으로 바라보면서 구하고 찾고 두드림으로써 구해야
한다. 구하되 **절대 확신**을 품고 구해야 한다.

우리가 하나님께 구하는 것은 결코 허상을 구하는 것이 아니다. 하나님 안에는
모든 것들이 「**항상 있음(有)으로만 존재**」하기 때문이다.

그러므로 우리는 하나님 안에는 악을 제외하고는 그 무엇도 없음이란 존재할
수 없으니 **분명히 있는 그 실체**를 믿음의 눈으로 바라보며 **구하며 찾아야** 한다.

구하며 찾되 잃어버린 드라크마를 찾아 나선 여인이 그 어딘가에는 반드시 그
것이 있다는 확신 가운데 자기의 동선을 따라 찾고 찾듯이(눅15:8) 그렇게 **찾아야**
한다. 그리고 이와 같은 구하고 찾는 믿음의 행위는 한 순간이 아니라 하나님이
능력으로 개입하실 그 순간까지 「**은근과 끈기**」를 가지고 지속되어야 하니 그것
은 바로 「**두드림**」이라는 지속성이요 뒤로 물러서지 않는 끈기의 믿음이다.

예수님은 지금도 변함없이 오늘 우리에게 **구하고 찾고 두드리라**고 말씀하신다.

하나님이 예비해 놓으신 수많은 선물들은 그것이 간절히 필요하여 **구한 자의 몫으로 이미 구별하여 준비해 놓으셨기** 때문이다. **응답해 주심은 하나님의 몫**이지만 그 응답이 이루어지도록 **구해야 함은 우리 자신의 몫**이기 때문이다

　그러므로 우리는 「**모든 문제 해결의 근원**」은 하나님께 있지만 「**그 문제를 푸는 열쇠**」는 우리에게 맡겨놓으셨음을 깨닫고 우리는 그 열쇠를 잘 사용하는 믿음의 사람이 되어야 한다. 여기에서 그 열쇠는 바로 「**기도**」요 이 기도를 더 구체적으로 말하면 하나님을 기쁘시게 해 드리는 「**믿음의 기도**」이다.

내 영혼의 만나 27

너희가 내게 부르짖으며 내게 와서 기도하면 내가 너희들의 기도를 들을 것이요 너희가 전심으로 나를 찾고 찾으면 나를 만나리라 (렘29:12~13)

> **인생의 절망의 포위망을 뚫을 최고의 방법은 부르짖어 기도함이다!**

우리는 인생을 사는 동안 절망적 상황으로부터 자유할 수 없는데 나에게 주어진 절망적 상황! 그것이 때로는 비록 자신의 허물로 말미암은 것이라 할지라도 우리는 반드시 기도해야 한다. 기도하되 부르짖어 기도해야 한다. **그리하면 사랑의 하나님! 긍휼의 하나님이 만나주시겠다고!** 약속하시기 때문이다.

하나님이 만나주심! 이것은 하나님의 개입을 의미하며 **문제의 해결**을 뜻한다.

그러므로 오늘 우리는 절망적 상황에 직면하게 되었을 때 그것이 비록 우리의 허물로 말미암은 것이라 할지라도 하나님은 우리를 위해 피할 길을 예비하고 계신다는 사실을 깨닫고 하나님의 언약의 말씀을 붙든 가운데 **하나님을 간절히 찾고 찾으며 부르짖고 부르짖어 기도**해야 한다. 회개할 부분은 회개하며 부르짖어 기도해야 한다.

왜냐하면 하나님은 예레미야를 통하여 이렇게 분명히 약속하시기 때문이다. 본문 말씀의 직접적인 대상은 하나님을 등지고 우상숭배에 빠져 살다가 징계를 받아 바벨론에 포로로 끌려간 유대 백성들을 향한 하나님의 약속이다. 하지만, 이 말씀은 동시에 오늘 우리에게도 동일하게 유효한 약속의 말씀이니 우리는 모두 허물과 죄악으로부터 결코 자유 할 수 없는 존재이지만, 또한 그리스도 예수 안에서 하나님의 자녀 된 자들이기 때문이다.

따라서 우리는 내 자신이 아무것도 할 수 없는 상황에 직면했을 때조차도, 사실 그러한 상황이 아무것도 할 수 없는 상황이 아니라 오히려 「**기도할 수 있는 결정적인 기회**」라는 사실을 깨닫고 「**부르짖어 기도**」 해야 한다. 이렇게 부르짖어 기도하는 길만이 우리가 절망의 포위망을 뚫고 문제를 풀 가장 확실한 길이기 때문이다.

내 영혼의 만나 28

내가 진실로 너희에게 이르노니 누구든지 이 산더러 들리어 바다에 던져지라 하며 그 말하는 것이 이룰 줄 믿고 마음에 의심하지 아니하면 그대로 되리라. 그러므로 내가 너희에게 말하노니 무엇이든지 기도하고 구하는 것은 받은 줄로 믿으라. 그리하면 너희에게 그대로 되리라.(막11:23~24)

① 믿음과 ② 기도와 ③ 선포의 능력!

유한한 우리는 어찌하든지 하나님의 능력을 덧입고 살아야 한다. 그런데 이와 같은 하나님의 능력을 덧입고 살 수 있는 가장 확실한 길은 **우리의 믿음**뿐이다. 왜냐하면 하나님은 우리의 믿음을 거룩한 통로 삼아 능력으로 역사하시길 기뻐하시기 때문이다. **이 믿음에 근거하여 기도하고 선포할 때** 능력으로 나타난 것이다. 이런 면에서 **믿음**은 하나님이 우리에게 주신 「**가장 위대한 선물**」이자 「**능력의 통로**」이다. 그러므로 우리는 언제나 믿음으로 살아야 한다.

그런데 우리의 **믿음은 구체적으로, 언제 능력으로** 나타나는가? 그것은 바로
① **믿음**에 근거한
② **기도**와
③ **선포**를 통해서 나타난다.

이런 면에서 「① **믿음**, ② **기도**, ③ **선포**」는 하나님이 능력으로 역사하실 3요소라고 말할 수 있다. 그래서 예수님은 우리가 「**믿음으로 기도하고 믿음으로 선포**」하면 하나님이 능력으로 역사하실 것임을 **무화과나무 고사(枯死) 사건**을 통하여 깨우쳐 주신 것이다.

예수님은 공생애 마지막 주간에 베다니에서 예루살렘으로 들어오시면서 하나님 앞에 열매 없는 이스라엘 백성과도 같은 무화과나무를 향해 명령하시니(마 21:19) 그 무화과나무는 그대로 말라 죽었다. 예수님이 명령하시니 그 절대 권세 앞에서 무화과나무는 곧바로 말라 죽게 된 것이다.

하나님은 지금도 변함없이 우리의 큰 믿음을 통하여 능력으로 역사하시기를 기뻐하신다. 특별히 **의심하지 않는 큰 믿음**으로 기도하고 그 믿음으로 담대히 선포할 때 능력으로 역사하시기를 기뻐하신다. 그러므로 우리는 이와 같은 **큰 믿음의 은사**를 달라고 구하며 기도하되 특별히 망설이고 주저함이 없이 **선포할 수 있는 담대한 믿음**을 달라고 기도해야 한다.

그런즉 너희는 먼저 그의 나라와 그의 의를 구하라. 그리하면 이 모든 것을 너희에게 더하시리라.(마6:33)

최고의 우선순위!

모든 것에는 반드시 우선순위가 있듯이 우리가 추구해야 할 「**최고의 우선순위**」는 다름 아닌 **하나님의 영광을 위하여 사는 것**이다. 왜냐하면 하나님은 우리를 존재하게 하신 창조주요 우리는 그의 백성이며 그의 기르시는 양이기 때문이다.(시100:3) 그래서 예수님은 우리의 삶의 목적이 하나님의 영광을 위하여 사는 것이 되어야 함을 "**너희는 먼저 하나님의 나라와 그의 의를 구하라**"라 말씀하신 것이다.

예수님이 이렇게 말씀하신 그 이유는 삶의 올바른 목적성 때문이다. 하나님을 모르는 세상 백성들은 그 마음에 하나님이 없기 때문에 오직 이 세상의 그 무엇에 절대적 값어치를 두고 무엇을 먹을까? 무엇을 마실까? 염려하고 근심하며 온통 거기에 붙들려 살아가지만, 하나님의 자녀는 그들과 구별되게 그 **우선순위를 바르게 하여 오직 하나님의 영광을 위하여 살아야** 하기 때문이다. 그러한 영혼을 하나님이 기꺼이 책임져 주실 것임을 "그리하면 하나님이 이 모든 것들을 책임져 주시리라."고 약속하신 것이다!

그러므로 우리는 예수님이 말씀하신 바대로 "**먼저 하나님의 나라와 그의 의를 구하며**" 살아야 한다. 그런데 **하나님의 나라와 그의 의를 구하는 것**이란 구체적으로 무엇을 의미하는가? 그것은 바로 ① **범사에 하나님을 인정하며** ② **그 명령에 순종하여 그의 뜻대로 사는 것**이다. 하나님의 공의와 사랑이 자기 자신을 통하여 실현되도록 거룩한 도구로 사는 것이다. 그러기 위해서 내적으로는 나 **자신을 말씀으로 늘 무장**하여 예수 그리스도로 옷 입음으로써, 하나님이 기꺼이 임재하실 **거룩한 성소이자 그의 백성으로 사는 것**이요 외적으로는 세상을 향한 **빛과 소금**으로 자신을 헌신하며 사는 것이다.

심령이 가난한 자는 복이 있나니 천국이 그들의 것임이요. 애통하는 자는 복이 있나니 그들이 위로를 받을 것임이요. 온유한 자는 복이 있나니 그들이 땅을 기업으로 받을 것임이요. 의에 주리고 목마른 자는 복이 있나니 그들이 배부를 것임이요.(마5:3~6)

긍휼히 여기는 자는 복이 있나니 그들이 긍휼히 여김을 받을 것임이요. 마음이 청결한 자는 복이 있나니 그들이 하나님을 볼 것임이요. 화평하게 하는 자는 복이 있나니 그들이 하나님의 아들이라 일컬음을 받을 것임이요. 의를 위하여 박해를 받은 자는 복이 있나니 천국이 그들의 것임이라.(마5:7~10)

하나님의 백성이 추구해야 할 규범과 이를 추구한 자가 누릴 복!

하나님 앞에서 누가 진정으로 복이 있는 사람인가? 그것은 두말할 필요도 없이 **하나님의 눈에 합격한 자**요 그리하여 **영원한 하늘의 도성에 입성할 수 있는 자**가 복이 있는 사람이다. 그런데 이와 같은 길은 하나님의 백성답게 구별되게 살아감에서 출발하며 영원한 도성에 입성함으로써 완성된다. 그래서 예수님은 이와 같은 주인공이 될 수 있는 그 길을 확실히 깨우쳐 주시고자 **하나님의 백성으로서의 기본자세 8가지**를 말씀하신 것이다.

결국 예수님이 산상수훈에서 말씀하신 팔복은 **「천국백성으로서의 자세」** 이자 규범이요 그 결과 이렇게 하나님의 백성답게 구별되게 살아간 자에게 허락된 복이다. 이 복은 세상이 주는 유한한 복과는 결코 비교할 수가 없으니 그 복은 **영원한 복**이기 때문이다.

그래서 예수님은 이와 같은 규범들을 준수하고 살아가는 영혼에 대하여 영원히 책임져 주실 것임을 **"천국이 저희 것임이라"**고 말씀하신 것이다.

처음부터 나중까지 이 세상에서만이 아니라 영원의 세계인 완성된 천국에서도 하나님이 영원히 책임져 주실 것임을 확실히 깨우쳐 주시고자 팔복의 시작과 그 마지막의 말씀을 이렇게 **"천국이 저희 것임이라"**고 말씀하신 것이다.

8가지 복의 핵심적 의미!

① **심령이 가난함**이란 **교만함과 정반대된 개념**이다. 따라서 온전히 겸손함을 의미하며 **스스로의 힘으로는 그 무엇도 해결할 수 없음**을 절실히 깨닫고 하나님만을 절대 의지하는 **겸손한 영혼의 상태**를 말한다. 이 말은 교만을 가장 싫어하신 하나님 앞에서 어리석게 결코 교만하지 말고 겸손하라는 의미까지 포함된다.

② **애통함**이란 자신의 허물과 죄에 대해서 슬퍼하며 회개한 영혼으로 살아가는 것을 의미한다. 왜냐하면 그 이유는 회개함의 과정 없이는 결코 구원에 이를 수 없기 때문이다.

③ **온유함**이란 먼저 하나님 앞에서 **절대 순종으로 자신을 낮추며** 대인 관계에서도 **겸손함으로 자신을 낮추고** 그리하여 오래 참음으로 잘 무장된 영혼으로 살아가는 것을 의미한다. 자신을 낮춘 겸손함 없이 그 누구도 하늘의 도성에 이를 수 없기 때문이다.

④**의에 주리고 목마름**이란 목마른 사슴이 시냇물을 찾으며, 메마른 초목과 대지가 봄비를 사모하듯이 하나님과 그의 뜻만을 간절히 구하며 살아가는 영혼의 상태를 의미한다. 믿음의 사람은 이렇게 오직 하나님의 뜻만을 찾으며 오직 하나님만을 즐거워하고 오직 하나님 중심으로 살고자 하는 열망이 있어야 하기 때문이다.

⑤**긍휼이 여김**이란 그 마음에 사악함을 버리고 하나님의 사랑과 자비인 긍휼을 품고 이것을 실천하며 살아가는 것을 의미한다. 우리는 하나님 앞에 일만 달란트 빚진 자와 같은 존재이기 때문이다.

⑥**마음이 청결함**이란 그 마음의 중심에 예수 그리스도를 주인으로 모시고 영적으로 순결하게 살아가며 동시에 도덕적으로도 성결하게 살아가는 것을 의미한다. 하나님의 백성의 절대적인 덕목은 순결이기 때문이다.

⑦**화평케 함**이란 그 마음에 그리스도의 마음을 품고 모든 이와 더불어 화평을 추구하며 살아가는 것을 의미한다. 우리는 사탄의 백성과 구별되게 피스 메이커로 부름받은 자들이기 때문이다.

⑧**의를 위하여 박해를 받음**이란 의(義)중에 의(義)이신 예수 그리스도와 그의 복음을 위해서라면 고난과 박해까지도 기꺼이 감내하며 살아가는 것을 의미한다. 진리를 위해서라면 모든 것을 걸 수 있어야 하기 때문이다.

☞이러한 영혼들을 위하여 우리 예수님은 확실한 구원의 보증으로써 완성된 천국의 주인공이 될 것임을 약속하신 것이다.

나로 말미암아 너희를 욕하고 박해하고 거짓으로 너희를 거슬러 모든 악한 말을 할 때에는 너희에게 복이 있나니 기뻐하고 즐거워하라. 하늘에서 너희의 상이 큼이라. 너희 전에 있던 선지자들도 이같이 박해하였느니라.(마5:11~12)

예수 그리스도로 말미암아 고난받은 자가 받을 큰 상급!

인간은 연약하여 고난 앞에서 뒤로 물러서기 쉽다. 그런데 예수님은 우리가 이 땅을 살면서 예수 그리스도를 믿는다는 그 이유로 말미암아 고난을 받게 될 경우 뒤로 물러서기보다 오히려 크게 기뻐하고 즐거워하라고 말씀하신다. 그와 같은 고난을 기꺼이 받아야 할 그 구체적인 이유는 **하늘에서 우리의 상이 크기 때문이라**고 분명히 그 이유를 밝히신다.

그러므로 우리는 예수 그리스도를 믿음으로 말미암아 겪게 될 고난이라면 기꺼이 감내하고 인생길을 가야 한다. 우리를 공격하는 적은 어느 시대 어디에나 반드시 있기 마련이지만 그 고난은 값진 고난이기 때문이다. 예수님은 그 사실을 우리보다 앞서 이 세상을 살다 간 선지자들이 까닭 없이 고난을 받았음을 예로 들어 증거하신다.

실로 이 세상에는 하나님의 자녀와 마귀의 자녀가 함께 뒤섞여 살아가니, 세상 곧 불신앙인들이 하나님의 자녀를 까닭 없이 미워하는 그 이유는 그 아비 마귀의 속성을 닮았기 때문이요 자신들과는 그 소속이 전혀 다르기 때문이다. 사탄, 마귀는 자기에게 소속된 이 시대의 행동대원들을 앞세워 하나님의 자녀를 공격한다. 이런 까닭에 의로운 고난은 필연적으로 발생할 수밖에 없는 것이다.

따라서 우리는 예수님과 그의 복음으로 말미암아 받게 된 고난이라면 그 고난을 귀하게 여기고 기꺼이 감내해야 한다. 그 고난의 무게가 크면 클수록 더욱더 담대히 감내해야 한다. 우리가 하나님 앞에서 받게 될 상급의 크기는 철저히 우리가 겪은 고난의 난이도에 비례하기 때문이다. 「은(銀)은 은이요 금(金)은 금」임을 잊지 말아야 한다.

수고하고 무거운 짐 진 자들아! 다 내게로 오라! 내가 너희를 쉬게 하리라! 나는 마음이 온유하고 겸손하니 나의 멍에를 메고 내게 배우라! 그리하면 너희 마음이 쉼을 얻으리니 이는 내 멍에는 쉽고 내 짐은 가벼움이라.(마11:28~30)

예수님의 참 안식으로의 초대!

우리의 인생은 영육 간에 무거운 짐을 짊어지고 버겁게 살아가는 존재이다. 이러한 인생을 향해 우리 예수님은 **다 내게로 오라**고 말씀하신다. 이렇게 초대하심의 그 목적은 참 안식을 누리게 하시며 궁극적으로는 **영생으로 인도**하시기 위함이다.

그런데 예수님은 우리를 이렇게 초대하시면서 왜 「**나의 멍에를 메고**」 「**내게 배우라**」고 말씀하신 것일까? 여기에서 예수님이 말씀하신 **나의 멍에**란 **예수님의 말씀과 그 교훈**에 대한 상징적 표현이요, 그것을 멘다는 것은 말씀을 통한 예수님과의 **확실한 연합**을 의미한다.

따라서 예수님이 나의 멍에를 메고 내게 배우라는 메시지는 예수님의 말씀과 교훈에 귀 기울이고 그 말씀에 온전히 붙들려 순종하며 살아가라는 뜻이다. 왜냐하면 인간이 동물들에게 지워주는 **멍에**는 **속박의 도구**이지만, 예수님이 우리에게 지워주시는 말씀이라는 그 멍에는 **자유함의 도구**이자 우리를 향한 **구원의 능력**이기 때문이다.

그러므로 우리는 내 영혼의 **거룩한 멍에인 예수님의 말씀과 그 교훈**을 붙들고 그 안에서 참 안식을 누리며 궁극적으로는 영생에 이르는 믿음의 사람이 되어야 한다.

너희는 온 천하에 다니며 만민에게 복음을 전파하라. 믿고 세례를 받는 사람은 구원을 얻을 것이요 믿지 않는 사람은 정죄를 받으리라.(막16:15~16)

믿는 자들에게는 이런 표적이 따르리니 곧 그들이 내 이름으로 귀신을 쫓아내며 새 방언을 말하며 뱀을 집어 올리며 무슨 독을 마실지라도 해를 받지 아니하며 병든 사람에게 손을 얹은즉 나으리라.(막16:17~18)

부활하신 우리 예수님이 분부하신 복음 전파 명령과 여기에 수반될 표적의 약속!

부활하신 예수님은 40일을 더 이 땅에 계시며 복음을 증거하시고 베다니에서 승천하셨다.(눅25:51) 이때 예수님은 부활 후 먼저 갈릴리로 가셔서 제자들을 만나 그들에게 최고의 임무(The Great Commission)을 주셨다. 그것은 바로 **복음을 전파하라**는 지상 명령(至上命令)이다. 예수님의 이 지상명령은 참으로 복된 명령이니 그 이유는 이 명령은 반드시 수행해야 할 임무이지만 **그 行爲의 결과에 구애됨이 없이, 그 행위 자체가 선(善)을 이루는 거룩한 명령**이기 때문이다.

그러므로 그리스도인들은 부활하신 예수님의 지상 명령인 복음 전파를 인생의 제1사명으로 두고 살아가야한다.

그 구체적인 이유는 다음 3가지로 정리할 수 있다

① 복음을 전파한다는 그 사실 자체만으로도 **하나님의 선을 이루는 복된 사역에 참여하는 것**이 되기 때문이요

② 복음 전파의 그 열매로 말미암아 한 영혼이 사망의 길에서 벗어나 생명의 길로 돌아온다면 그것은 한 영혼을 향한 **최고의 선행**이 되기 때문이며

③ 복음 전파의 그 최종 열매는 자기 자신에게 **영원한 상급**이 되기 때문이다.

예수님은 이와 같은 복된 사명인 복음 전파 사역이 효과적으로 수행될 수 있도록 언제나 함께 하시며(마28:20) **능력으로 역사하실 것**을 약속하신다. 귀신을 쫓아내고 새 방언을 말하며 뱀을 집어 올림과 같은 능력을 나타나게 하심이 바로 그것이다. 이와 같은 **외적 사인**은 부활하신 예수님이 복음 전파의 **그 현장에 비가시적으로 함께 하심의 확실한 증거**이자, 복음이 효과적으로 증거되도록 선물로 허락하신 **하나님의 은사**인 것이다. 나아가 이런 외적 사인들은 기쁨과 확신 가운데 복음 전파의 사명을 잘 감당할 수 있는 「**큰 원동력**」이 되는 것이다.

그러므로 우리는 복음 전파의 사명을 잘 감당하는 믿음의 사람이 되어야 한다.

○ 그러면 이처럼 중요한 **복음**이란 구체적으로 무엇을 의미하는가?

복음이란 우리의 구원의 주되신 예수 그리스도에 관한 소식이요 그를 믿음으로 말미암아 누리게 될 영원한 생명에 관한 소식이다. 만물의 창조주요 성자 하나님이신 우리 예수님이 하나님을 등지고 죄 가운데 살아가는 우리를 재창조하시고자 ① 성육신하심으로써 이 땅에 찾아오시고, ② 우리의 죄를 위하여 대속하시며, ③ 우리를 위하여 죽음에서 부활하시고 승천하시며, ④심판의 주로 다시 재림하시어 우리를 주님 계신 영원한 세계로 인도하실 구원의 주(主)가 되시니 이와 같은 사실을 믿는 것이 복음이다.

그러므로 이와 같은 복음을 한마디로 줄이면 「**예수가 곧 복음**」인 것이다.

내 영혼의 만나 34

사랑하는 자들아! 너희는 너희의 지극히 거룩한 믿음 위에 자기를 건축하며 성령으로 기도하며 하나님의 사랑 안에서 자기를 지키며 영생에 이르도록 우리 주 예수 그리스도의 긍휼을 기다리라.(유1:20~21)(개역)

복된 구원을 위하여 무장해야 할 3가지!(믿음, 기도, 사랑)

이 땅에서 우리의 일생은 복된 구원을 이루기 위한 「내 영혼의 건축 과정」이다. 우리의 영혼을 영원한 하늘의 도성에 이를 만한 영혼으로 곱게 단장해 가는 과정이니 내 영혼의 건축 과정인 것이다. 그런데 이 과정은 그냥 이루어진 것이 아니다. 왜냐하면 이와 같은 건축 과정을 방해해 보려는 어두움의 세력의 역사는 너무나 끈질기고 교활하기 때문이다.

그 방해의 역사는 한 순간이 아니라 세상 끝 날까지 계속된다.(마13:30,막13:22)
그래서 하나님은 유다서를 통하여 다음 3가지 「① 믿음, ② 기도, ③ 사랑」으로 자신을 무장할 것을 당부하고 있다.
① 거룩한 믿음 위에 → 자기를 건축하며
② 기도하되 → 성령을 의지하여 기도하고
③ 하나님의 사랑 안에서 → 자기를 지킴으로 무장하라고 하심이 바로 그것이다.

그러므로 우리는 어찌하든지 나 자신을 건축하되 「거룩한 믿음」 위에 자기를 건축해 가야 한다. 여기에서 거룩한 믿음이란 그 믿음의 대상을 분명히 한 믿음을 말한다. 우리의 생명 되신 예수 그리스도만을 나의 구주로 붙든 믿음을 말한 것이다. 곁길로 나아간 이단의 무리들을 추종한 믿음도 아니요, 세속에 물든 믿음도 아닌 오직 예수 그리스도만을 나의 구주로 붙든 믿음을 말하고 있는 것이다. 이와 같은 믿음만이 **거룩한 믿음**이요 **구원에 이를 믿음**이니 이런 믿음 위에 자신을 건축하라는 것이다.

또한 기도하되 나 홀로의 기도가 아니라 「**성령을 의지하여 기도**」 하기를 힘쓰라고 하신다.

그러므로 우리는 기도할 때 나 홀로 기도가 아니라 예수님의 영 되신 성령님을 온전히 모시고 그 성령님을 온전히 의지하여 기도해야 한다. 성령님은 하나님의 영으로서 우리를 위하여 간구하시되 성부 하나님의 뜻대로 간구하시는 분이기 때문이다.(롬8:27) 이 성령님은 본질적으로 성부 하나님의 영이시며 또한 「**예수님의 영**」이시다. 그러하니 우리는 이와 같은 「**성령님을 모시고**」 「**성령님을 의지**」 하여 「**성령님의 도우심**」 으로 기도하기를 힘쓰라는 것이다. 이 말은 곧 본래 영으로 계신 삼위일체 하나님을 마음의 중심에 모시고 기도하라는 의미이기도 한 것이다.

자기 자신을 지키되 **하나님의 사랑 안에서 자기를 지키기**를 힘쓰라고 하신다. 우리는 하나님의 계명을 지킴으로써 하나님을 진정으로 사랑하게 되며, 하나님의 은혜 가운데 머물게 되는 것이다. 동시에 그것은 자신을 지키는 길이다. 그러므로 우리는 우리를 향한 **하나님의 사랑 중의 사랑**이신 「**예수 그리스도**」 를 「**나의 구주로 확실히 고백**」 하며 「**그의 계명을 지킴으로써**」 하나님을 사랑해야 한다. 이 길만이 하나님의 사랑 안에서 자신을 지키는 것이기 때문이다.

성경은 이와 같이 믿음의 경주를 최선을 다하여 한 후 영생에 이르도록 **예수 그리스도의 긍휼을 기다리라**고 당부하고 있는 것이다. 왜냐하면 우리가 믿음의 경주를 하는 그 궁극적인 목적은 유한을 지나 영원한 하늘의 도성에 입성하는 것이 우리의 최종 목표요 이것은 우리의 영원한 소망이기 때문이다.

좁은 문으로 들어가라. 멸망으로 인도하는 문은 크고 그 길이 넓어 그리로 들어가는 자가 많고 생명으로 인도하는 문은 좁고 길이 협착하여 찾는 자가 적음이니라.(마7:13 ~14)

좁은 문 되신 예수 그리스도로 말미암지 않고는 영원한 생명 없다!

사람들은 한결같이 「넓은 문, 넓은 길」만을 좋아한다. 그 길을 걸어야 만이 성공이요 그 길을 걸어야 만이 행복이라고 착각하기 때문이다. 그런데 예수님은 왜 이와 정반대로 「좁은 문」으로 들어가라고 말씀하신 것일까?(마7:13) 그것은 좁은 문을 통과해서 가는 길만이 「영원한 도성」에 이를 수 있기 때문이다.

이런 면에서 우리 인생의 앞길에 수많은 길이 있다고 할지라도 결국 두 종류의 길밖에 없다.
① 좁은 문을 통과하여 →좁은 길을 지나 → 생명에 이르느냐!
② 넓은 문을 통과하여 →넓을 길을 지나 → 멸망에 이르느냐 뿐이다!

따라서 여기에서 좁은 문은 「예수 그리스도」를 의미하며 좁은 길은 각자가 자기 십자가를 지고 예수님을 따라 걷는 「고난의 길」을 의미한다(막8:34) 세속에 물들지 아니하며 어떠한 역경 속에서도 굴복하지 아니하고 예수 그리스도의 마음과 그 사랑을 품고 믿음으로 걷는 길을 의미한다.

그러므로 우리는 어찌하든지 생명에 이를 이 길을 걸어야 한다. 좁은 문을 통과하여 이 좁은 길을 걸어야 한다. 우리가 사는 동안 길을 가는 까닭은 원하는 그 목적지에 이르기 위함이듯이 우리는 어찌하든지 우리가 원하고 원한 궁극적 목적지인 영원한 하늘의 도성에 이르러야 하기 때문이다.

이 생명의 문! 이 생명의 길은 오직 예수 그리스도로 말미암으며 다른 그 무엇으로는 결코 불가능하니 예수님은 "내가 문이니 누구든지 나로 말미암아 들어가면 구원을 받고 또는 들어가며 나오며 꼴을 얻으리라."(요10:9) "내가 곧 길이요 진리요 생명이니 나로 말미암지 않고는 아버지께로 올 자가 없느니라"(요14:6)고 말씀하신 것이다.

따라서 우리는 사탄, 마귀의 결정적인 하수인인 이단 사이비 교주들의 허황된 주장에 현혹되어서는 아니 된다. 예수님 이외에 이 땅의 그 누구 그 무엇이 우리의 구원의 문이 될 수 없으며 시대별로 다른 구원자가 그때그때 있을 수도 없다. 오직 선재 하신 성자 하나님이신 예수 그리스도만이 **영원에서 영원까지** 우리의 구원의 문이요, 길이 되시기 때문이다.

여호와께서 집을 세우지 아니하시면 세우는 자의 수고가 헛되며 여호와께서 성을 지키지 아니하시면 파수꾼의 깨어있음이 헛되도다. 너희가 일찍이 일어나고 늦게 누우며 수고의 떡을 먹음이 헛되도다.(시127:1~2)

여호와 하나님이 나의 인생을 세우고 지키시게 하라.

우리는 흔히 인생을 열심히 살면 다 이룰 수 있다고 착각하고 나 홀로 열심을 내며 살기 쉽다. 그러나 하나님은 솔로몬을 통하여 말씀하시길 우리의 수고가 헛되지 않기 위해서는 하나님이 함께하시고 지켜 주셔야 하심을! 개인의 안위나 국가의 안위도 오직 여호와 하나님께 달려있음을 분명히 하신다. 왜냐하면 인간은 그 능력이 **유한한 존재**로서 그 무엇을 이루어냄도 그것을 잘 지켜냄도 절대적 **한계가 있는 존재**이기 때문이다.

그러므로 우리는 인생을, 최선을 다하여 성실하게 살아가야 하지만 그 성실은 나 홀로 무작정 성실이 아니라, 하나님을 견고히 붙든 믿음 안에서 최선을 다하는 신실한 믿음의 사람이 되어야 한다. 나는 다 할 수 있다는 착각에 빠져 자기중심적이요 인본주의로 살 것이 아니라 오직 **하나님 중심사상**에 근거한 **신본주의**로 살아가야 한다. 더 구체적으로는 예수님 중심으로, **더 정확히는 바른 말씀에 근거한 예수님 중심**으로 살아가야 한다.

이런 면에서 솔로몬이 기록한 이 시편의 말씀은 그가 노년에 기록한 전도서 서론 부분인 "헛되고 헛되며 헛되고 헛되니 모든 것이 헛되도다"는 고백과도 그 맥락을 같이 한다. 하나님이 함께해 주시며 세워 주시고 지켜주지 아니하시면 그 모든 수고가 결국은 헛됨에 이르기 때문이다.

너는 엿새 동안 일하고 제 칠일에는 쉴지니 밭 갈 때에나 거둘 때에도 쉴지며 칠칠절 곧 맥추의 초실절을 지키고 세말에는 수장절을 지키라 내가 이방 나라들을 네 앞에서 쫓아내고 네 지경을 넓히리니 네가 매년 세 번씩 여호와 너희 하나님을 뵈오려고 올 때에 아무도 네 땅을 탐내지 못하리라.(출34:21~22,24)

안식일과 3대 절기의 절대 준수 명령!

하나님의 백성은 하나님의 백성답게 살아야 한다. 이 길만이 하나님이 기뻐하신 바이요 **하나님의 보호와 약속**이 따르기 때문이다.

그래서 하나님은 자기 백성 이스라엘이 하나님의 백성답게 살아가도록 **안식일 준수**와 더불어 3대 절기인 **무교절, 오순절, 초막절**을 절대 준수하라고 명령하신다. 특히 안식일 준수라는 이 명령은 그 어떤 경우에도 반드시 준수해야 하는 절대적 우선순위임을 **밭 갈 때와 거둘 때**에도 쉬라고 말씀하심으로 명하신다.

이렇게 하나님이 제7일 안식일을 지키라고 강조하여 말씀하신 그 구체적인 이유는 무엇인가? 그것은

① 하나님이 모든 것의 「**창조주이심을 기억**」하고 살아가도록 하기 위함이요

② 하나님의 은총 안에서 「**안식을 누리게**」 하기 위함이며

③ 복의 근원이신 하나님께 예배드리는 삶을 통하여 「**복을 누리도록**」 하기 위함인 것이다.

이처럼 안식일의 준수를 명하신 목적은 위로는 먼저 「**하나님께 영광**」 돌리고 살아가며, 이 땅을 사는 동안 천국의 복된 안식을 미리 맛봄으로써 「**영원한 안식을 대망**」하며 살도록 하기 위함인 것이다.

또한 하나님은 중요한 3대 절기인 ① 무교절 ② 맥추절(=오순절, 칠칠절) ③ 초막절(=장막절, 수장절)을 지키라고 명하신다.(출23:14~17, 34:18~23) 이 3대 절기 준수는 하나님이 허락하신 곳에서 지키라고 명하셨는데(신12:5~17) 그 이유는 다음 2가지의 목적이 있다. ① **하나님과 교제**하도록 하기 위함이요 ② 이스라엘 백성 공동체가 지속적으로 **여호와의 신앙을 계승**하도록 하기 위함이다.

하나님은 이 3대 절기를 잘 준수하면 그에 대한 보답으로써 ① **지경을 넓혀 주실 것**과 ② **보호해 주실 것**을 약속하신다.

그러므로 오늘 우리는 **구약의 모든 절기의 실체이신 우리 예수님**이 사망 권세 이기시고 부활하신 그 날인 「**주의 날**」을 가장 귀하게 여기고 잘 준수하며 살아가는 믿음의 사람이 되어야 한다.

◎ 구약의 3대 절기 핵심 정리!

① 무교절은 유월절(1월14일)에 연이어서 지키는 절기로써 니산월 1월 15일부터 7일간 구약의 이스라엘 백성들이 지키던 절기이다.(레위기 23:6~8)

② 맥추절은 그 해의 첫 열매를 하나님께 드리는 **봄철의 추수 감사절**로써(출 23:16) 보리 또는 밀을 수확하여 거두게 됨을 감사하며 하나님께 지키는 절기이다. 그래서 **맥추절**이라고 부른다. 시기적으로는 유월절 후 50일째 되는 날을 지키는 절기이기 때문에 **오순절, 칠칠절**이라고도 부른다.

③ 초막절은 출애굽 당시의 광야 생활을 잊지 아니하고 기억하고자 지키는 절기로써 7월 15일부터 7일간 온 가족이 초막에 거하면서 지키는 절기이다.

그러므로 **초막절** 또는 **장막절**이라고도 부른다(민29:12-40) 시기적으로는 가을 수확을 모두 거둬들여 저장한 후 지킨다고 하여 **수장절**(收藏節)이라고도 부른다. 성경에서 말하고 있는 7월은 유대 종교력 기준의 7월이며 현재의 태양력으로 환산하면 이보다 시점이 2~3개월이 늦은 가을에 찾아온다. 따라서 이 7월 15일은 지금의 태양력으로 시점을 환산하면 10월 15일쯤의 가을의 계절이다. 왜냐하면 유대 종교력은 현재 우리가 사용하는 태양력과는 달리 한 해의 시작의 기준점을 거울이 아닌 봄에 두기 때문이다.

무엇보다도 중요한 사실은 성경에 기록된 말씀이니 그러면 오늘도 이 절기를 문자 그대로 반드시 지켜야 하는 것인가? 하는 점이다. 그건 아니다. 성경의 모든 절기의 실체는 **성경의 대주제**가 되신 **예수 그리스도**와 **그의 사역을 예표**하고 있기 때문이다. 그러므로 오늘 우리는 모든 절기의 궁극적 실체이자 성경의 대주제이신 예수님이 이미 오심으로 절기들을 통하여 말하고자 한 바인 예표의 기능은 이미 성취되었으니 이제 우리는 예수 그리스도께서 죽으시고 부활하신 주의 날, 곧 주일을 가장 귀한 「**믿음의 절기**」로 여기고 반드시 지켜 나가야 한다.

예수님이 이 땅에 오심으로써 우리 예수님이 **구약의 율법의 마침**이요 **완성 자**가 되셨으니 이제 더 이상 문자적으로 구약의 절기들을 준수해야 할 그 이유는 이미 사라진 지 오래다. 그 대신에 구약의 모든 절기의 실체가 되신 예수 그리스도를 온전히 붙들고 오늘의 주일을 잘 지킴으로써 우리의 믿음을 견고히 해야 한다. (절기 준수론의 깃발을 높이든 그 어떠한 이단의 주장에도 현혹되면 안 된다.) 안식일을 포함한 구약의 모든 절기뿐만이 아니라 구약의 모든 내용의 주제가 되신 예수 그리스도만을 잘 붙들고 믿으며 주의 날을 잘 지키는 바로 이것이 구약에서 말하고 있는 안식일을 잘 지키라는 하나님의 참뜻을 준수하는 것이기 때문이다. 영원부터 영원까지 오직 예수님만이 우리의 영원한 구주이기 때문이다.

그러므로 오늘의 그리스도인들은 주의 날의 의미를 바르게 깨닫고 주일을 잘 지켜야 한다. 지키되 **선택적 준수**가 아니라 **절대적으로 준수**하는 믿음의 사람이 되어야 한다. 이러한 주의 백성들을 하나님은 오늘도 변함없이 눈동자처럼 지켜 보호하시기를 기뻐하시며 영원한 하늘의 도성으로 인도하시기 때문이다.

헛되고 헛되며 헛되고 헛되니 모든 것이 헛되도다. 사람이 해 아래서 수고하는 모든 수고가 자기에게 무엇이 유익한고 한 세대는 가고 한 세대는 오되 땅은 영원히 있도다.(전1:2~4)(개역)

해는 떴다가 지며 그 떴던 곳으로 빨리 돌아가고 바람은 남으로 불다가 북으로 돌이키며 이리 돌며 저리 돌아 불던 곳으로 돌아가고 모든 강물은 다 바다로 흐르되 바다를 채우지 못하며 어느 곳으로 흐르든지 그리로 연하여 흐르느니라.(전1:5~7)(개역)

> **자연계의 3대 일군인 해, 바람, 강물의 수고와 이것들을 통한 교훈!**

하나님은 솔로몬의 전도서를 통하여 그 서두부터 「**인생의 허무**」를 말씀하신다. 이렇게 허무를 말씀하신 그 근본적인 목적은 허무를 말씀하시려고 함이 아니다. **허무를 넘어 영원을 말씀**하시기 위함이다. 그래서 먼저 우리의 수고의 한계와 그 허무성을 **헛됨**으로 말씀하시되 **수고의 대명사**인 자연계의 3대 일군인 **해, 바람, 강물의 수고**를 예로 들어 말씀하신다.

이들의 수고를 살펴보면

① **해**는 매일 떠오르는 수고를 하지만 여전히 그 수고는 미완성으로써 그렇게 떠오르고 지기를 반복할 따름이며,

② **바람**은 열심히 불고 또 불지만 그 수고 역시 끝내 미완성으로써 다시 원위치할 뿐이다.

③ **강물** 역시 동일해서 열심히 흐르고 흘러 바다로 가지만 그 수고의 결과는 그 바다를 다 채우지도 못하고, 어느 곳을 통하여 바다로 흘러가던지 여전히 그렇게 연이어 흘러가는 수고만을 반복하고 있는 것이다. 수고하기를 멈출 줄 모르는 이

들의 수고의 결과도 그러한데 하물며 우리의 수고가 그 무슨 엄청난 것을 이룰 수 있다는 말인가? 인간이 수고하는 모든 수고 역시 이처럼 헛될 뿐이라는 것이다.

여기에서 우리말 성경의 헛됨으로 번역된 히브리어 헤벨(הֶבֶל)은 **「공기, 숨, 공허함」** 을 의미한다. 따라서 "헛되도다"는 그 의미 속에는, 공기를 손에 움켜쥐려고 아무리 수고해 봐야 결국은 아무것도 아닌 빈손이듯이 우리가 수고한 그 수고도 알고 보면 결국 아무것도 아니니, 어리석게 무작정 수고하지 말고 **하나님을 경외하는 믿음 안에서 수고하며 살라**는 깊은 뜻이 담겨 있다. 이 세상을 살면서 영원할 수 없는 것들을 마치 그것들이 영원할 것인 양 거기에 붙들려 살지 말고 오직 영원 자 되신 하나님만을 경외하며 살라는 의미이다. 이와 같은 의미로써 **헛되다고** 말씀한 것이며 **헛됨**이라는 그 표현을 거듭 반복한 것은 더 이상 헛될 수 없는 극상의 헛됨을 말씀하고자 함인 것이다.

그래서 하나님은 솔로몬의 전도서를 통하여 증거하시기를 **영원의 세계**와 **유한의 세계**를 대비하여 **해 위의 세계**와 **해 아래의 세계**로 말씀하신 것이다. 이렇게 대비하여 말씀하신 그 목적은 이 땅에서 수고인 **해 아래서의 수고**는 근본적으로 **한계성과 허무성**을 띤 수고에 이를 수밖에 없으니 우리는 영원의 세계인 **해 위의 세계**를 믿음으로 바라보고 **생명에 이를 수고**를 해야 함을 깨우쳐주시기 위함인 것이다.

그러므로 우리는 이 땅에서 우리의 **수고의 한계와 존재의 허무성**을 깨닫고 하나님을 경외하는 믿음 가운데 수고하되 생명에 이를 수고를 해야 한다. 그러기 위해서 무작정 나 홀로 수고하는 어리석음에서 벗어나 오직 예수 그리스도를 붙든 **믿음 안에서 수고해야** 한다. 우리의 영혼의 창문을 영원의 세계인 위를 향해 열어 놓고 믿음 안에서 수고해야 한다. 왜냐하면 우리를 향한 하나님의 약속은 예수 그리스도 안에서 얼마든지 예가 되기 때문이다. (고후1:20)

부자 되기에 애쓰지 말고 네 사사로운 지혜를 버릴지어다. 네가 어찌 허무한 것에 주목하겠느냐. 정녕히 재물은 스스로 날개를 내어 하늘에 나는 독수리처럼 날아가리라.(잠23:4~5)

언젠가 나를 떠나 날아가고야 말 것이 재물이니, 부자 되기에 너무 애쓰지 말라!

사람들은 한결같이 너도나도 부자 되기에 애쓰며 살아간다. 그런데 왜 하나님은 이러한 우리를 향해 부자 되기에 애쓰지 말라고 하신 것일까?

① 그것은 재물에 너무 집착하다 보면 오히려 그 재물에 마음을 빼앗겨 **자기 영혼만 병들기 때문**이요

② 영원할 수 없는 것을 영원할 것인 양 집착한 그 결국은 **허무만 남기 때문**이다.

그래서 하나님은 잠언을 통하여 우리에게 말씀하시기를 **부자 되기에 애쓰지 말라**고 당부하시며 재물의 그 허무성을 **날아가고야 말 독수리**로 비유하여 증거하신 것이다.

철새인 독수리는 계절이 바뀌면 어김없이 날아가듯이 우리에게 주어진 재물도 언젠가는 반드시 사라지게 되어 있기 때문이다.

그러므로 우리는 돈(재물)이 비록 범사에 응용되며 유용성이 높다 할지라도(전 10:19), 그 유용성은 「한계성이 있는 유용성」이니 오직 당장의 그 유용성만을 바라보고 거기에 붙들려 「물질의 종」으로 살아가는 어리석음을 범해서는 안된다.

우리가 진정으로 바라보고 주목해야 할 것은 끝내 없어질 재물이나 이 땅의 그 무엇이 아니라 **영원하신 하나님과 그 도성**이니 우리는 이 천성을 오직 믿음의 눈으로 바라보고 영생의 소망으로 살아야 한다.

한 손에만 가득하고 평온함이 두 손에 가득하고 수고하며 바람을 잡으려는 것보다 나으니라.(전4:6)(개역)

> 진정한 행복은 더 많이 채움에 있지 아니하고
> 마음을 비워 그 자리를 하나님의 평강으로 채우고 살아감에 있는 것!

우리의 진정한 행복은 **소유의 넉넉함**에 있지 아니하고, 마음을 비워 그 자리를 **하나님의 평강으로 채우고 살아감**에 있는 것이다. 이것은 성경의 일관된 증거이다.

그래서 하나님은 전도서를 통하여 말씀하시길, 조금 덜 채워져도 평강을 누리며 살아가는 것이, 비록 물질적으로 부요하게 살아간다고 할지라도 수로하고 애쓰느라 평강을 상실한 채 사는 것보다 낫다고 하신다. 마치 강물이 쉬지 않고 바다로 흘러간다고 할지라도 바다를 다 채우지 못하듯이 우리의 **욕망이라는 마음의 바다** 역시 우리의 **수고라는 강물**로는 결코 채울 수 없기 때문이다. 그리고 그 수고의 결과 역시 바람을 잡으려는 수고와 같아서 끝내 헛됨으로 막을 내리게 되어 있기 때문이다.

그러므로 채워질 수도 없고 채워진다 해도 결코 만족하지도 못할 욕망의 포로로 인생을 살기보다 평강의 주되신 예수 그리스도를 붙들고 마음의 평강을 누리고 살아가야 하는 것이다. 이렇게 사는 자가 실로 복된 주인공이기 때문이다.

마음을 비워 평강을 누려야 할 이러한 교훈은 **한자어 만족(滿足)**이라는 단어를 통해서도 잘 드러난다. 한자어 만족(滿足)의 직접적인 그 의미는 발목까지 찼다는 뜻이다. 결코 목까지 다 찼다는 뜻이 아니다. 그러므로 끊임없이 조금 더 조금 더

하다가 욕망의 늪에 빠져 거기에서 헤어나지 못하고 그의 영혼이 불행하게 살 것이 아니라 발목까지 찼을 때 그 정도에서 만족하며 행복하게 살라는 의미이다.

이런 면에서 그리스도인인 우리는 세상 그 무엇으로 말미암아 만족함이 아니라 우리의 생명이신 예수 그리스도께서 내주하심으로 말미암아 나와 함께 하시고 내 영혼을 채워주심을 감사하게 여기고 만족하며 살아야 한다! 양손에 가득한 다른 그 무엇이 어찌 더 필요하겠는가?

여호와께서 이같이 명하시기를 너희 각 사람은 먹을 만큼만 이것을 거둘지니 곧 너희 사람 수효대로 한 사람에 한 오멜씩 거두되 각 사람이 그의 장막에 있는 자들을 위하여 거둘지니라.(출16:16)

이스라엘 자손이 그같이 하였더니 그 거둔 것이 많기도 하고 적기도 하나 오멜로 되어 본즉 많이 거둔 자도 남음이 없고 적게 거둔 자도 부족함이 없이 각 사람은 먹을 만큼만 거두었더라.(출16:17~18)

광야에서 자기 백성을 만나로 먹이시되 평균케 하신 하나님!

만나는 하나님이 출애굽한 이스라엘 백성들을 광야에서 먹이신 「**하늘 양식**」이다. 하나님이 친히 준비하시고 이슬과 더불어 아침에 내려 주셨다. 그 당시 사람들은 처음 본 이것이 무엇인지 몰라 서로 말하기를 「**이것이 무엇이냐?**(מן הוא, 만후)」(What is This?)라고 물었기 때문에 그 이름의 유래가 **만나**가 된 것이다.

만나는 그 맛이 기름 섞은 과자(=웨하스) 맛과 같았고 그 모양은 진주처럼 둥글고 서리같이 가늘었는데(출16:14), 백성들은 이것을 거두어 맷돌에 갈기도 하고 절구에 찧기도 하며 가마에 삶기도 하여 과자를 만들어 일용한 양식으로 삼았다.(민11:8)

하나님은 만나를 내려 주시기 전 모세를 통하여 **거둘 분량과 거둘 날짜**를 명확히 정해주셨으니 한 사람당 **하루에 한 오멜**(약2.2 l)의 분량만을 거두되, 거두는 그 날짜는 칠일 중 엿새 동안만 매일 매일 거두게 하셨다. 제7일 안식일에는 휴식하며 안식일을 지킬 수 있도록 배려하여, 그 전날인 제6일에 갑절을 거둘 수 있도록 세심하게 배려하신 것이다.

따라서 만나를 거둬들이기 위하여 광야에 나간 자들은 이 원칙에 따라 자신 혹은 **자기 가족들의 숫자만큼만** 거둬들여야 했다. 이것이 바로 하나님이 정해주신 **만나 수확의 기본 원칙**이다.

그런데 하늘에서 내린 신비한 이 만나는 수확의 결과 역시 신비했으니, 그것은 다름 아닌 **평균케 하신 하나님의 역사** 때문이다. 성경은 그 내용을 "그 거둔 것이 많기도 하고 적기도 하나 오멜로 되어 본즉 많이 거둔 자도 남음이 없고 적게 거둔 자도 부족함이 없었다."고 증거한다. (출16:17~18)

이처럼 만나의 수확의 결과가 모두에게 부족함이 없이 평균케 되었다는 이 신비로운 사실은, 그 속에 중요한 예표적 의미가 담겨있다. 그것은 다름 아닌 누구든지 생명의 주 되신 예수 그리스도를 나의 주로 고백하여 믿기만 하면 예수님은 그 누구에게나 차별이 없이 **생명의 주**로 다가오실 것임을 미리 말씀하신 것이다.
왜냐하면 출애굽 당시 하늘에서 내린 광야의 만나는 생명의 떡 되신 **예수님의 예표요 예수님은 그 만나의 실체**이기 때문이다. 그래서 예수님은 출애굽 당시 하늘에서 내린 광야의 만나에 자신을 비유하며 자신은 「하늘에서 내려온 살아있는 떡」이요 「생명의 떡」이라고 말씀하신 것이다. (요6:33,48~51)

○ **말씀의 보고(寶庫)인 만나!**
만나는 이처럼 그 본질적인 실체가 예수 그리스도이심을 깨우쳐 주심과 더불어, 우리가 하나님 앞에서 **어떠한 믿음으로** 살아가야 할지 그 믿음의 방향성을 확실히 깨우쳐 주는 **말씀의 보고(寶庫)**이다.

① 만나는 우리가 「하나님만을 절대 신뢰한 믿음」으로 살아가야 함을 깨우쳐

준다. 그 까닭은 하나님은 출애굽 한 이스라엘 백성들에 대해 광야 생활 처음부터 끝까지 40년 동안 줄곧 만나를 내려주심으로써 책임져 주셨기 때문이다. 그러므로 우리는 **하나님이 끝까지 책임져 주실 것임**을 확신하고 **하나님을 절대 신뢰하며, 절대 의지한 믿음**으로 살아가야 한다.

② 만나는 우리가 「**성실한 믿음**」으로 살아가야 함을 깨우쳐 준다. 그 까닭은 만나를 거두는 시점은 매일 매일 거두되 태양이 뜨겁게 내리쬐기 전에 성실히 거두게 하셨기 때문이다.(출16:4,21)

③ 만나는 우리가 「**욕심을 비운 믿음**」으로 살아가야 함을 깨우쳐 준다. 그 까닭은 각 사람의 하루 양식인 2.2 *l* 분량의 만나만 거두게 하셨기 때문이다. 따라서 우리는 지나친 욕심을 버리고, 주신 바 은혜에 **감사한 마음**으로 살아가야 한다.

④만나는 우리가 「**절대 순종의 믿음**」으로 살아가야 함을 깨우쳐 준다. 왜냐하면 하나님은 만나를 일용할 양식으로 허락하시면서 동시에 하나님이 말씀하신 바에 대해 그 준수 여부를 테스트해 보시겠다고 분명히 말씀하시기 때문이다.(출16:4)

그러므로 오늘 우리는 하나님이 우리를 위해 보내주신 **나의 영원한 만나 되신 예수 그리스도**만을 온전히 붙든 믿음으로 살아가야 한다. 이와 같은 그 믿음은 구체적으로 ① **절대 신뢰의 믿음**, ② **성실한 믿음**, ③ **욕심을 비운 믿음**, ④**절대 순종의 믿음**으로 살아가는 것이다.

여호와는 나의 목자시니 내게 부족함이 없으리로다. 그가 나를 푸른 풀 밭에 누이시며 쉴만한 물 가로 인도하시는도다. 내 영혼을 소생시키시고 자기 이름을 위하여 의의 길로 인도하시는도다. 내가 사망의 음침한 골짜기로 다닐지라도 해를 두려워하지 않을 것은 주께서 나와 함께 하심이라. 주의 지팡이와 막대기가 나를 안위하시나이다.(시23:1~4)

주께서 내 원수의 목전에서 내게 상을 차려주시고 기름을 내 머리에 부으셨으니 내 잔이 넘치나이다. 내 평생에 선하심과 인자하심이 반드시 나를 따르리니 내가 여호와의 집에 영원히 살리로다.(시23:5~6)

여호와를 나의 목자 삼은 자가 누릴 최상의 복!

우리가 고백할 **최상의 믿음의 고백**은 여호와 하나님을 나의 목자로 고백함이다. 이와 같은 믿음으로 살아가면 우리는 실로 **최상의 복**을 누리게 된다. 왜냐하면 여호와 하나님은 **언약에 신실하신 하나님**이요 우리를 가장 안전하게 보호하시며 영원히 인도하실 **전능의 하나님**이시기 때문이다.

다윗은 이와 같은 믿음의 자각을 일찍이 했기 때문에 목동 생활의 경험을 살려 자신과 여호와 하나님과의 관계를 양 떼를 안전하게 지키는 목자와 그의 보호를 받는 양의 관계로 비유하여 증거한다.

다윗이 고백하고 있는 신명 **여호와(야훼)**는 하나님의 신명(神名) 중에서 「**언약의 신실성**」을 강조한 신명이다. 따라서 다윗이 **여호와를 나의 목자**로 고백한 그 이면에는 「① **나는 언약에 신실하신 하나님**만을 나의 목자 삼아 절대 의지하고 오직 믿음으로 살겠습니다.」 「② 나는 그의 은총으로 말미암아 **부족함이 없는 복**

을 누리고 살 것을 절대 확신합니다.」는 고백적 의미가 담겨 있다. 이처럼 여호와 하나님을 향한 **절대의지, 절대확신의 믿음**은 다윗의 신앙의 기초이다.

이러한 다윗의 고백이 성경으로 기록되게 하심은 우리를 향한 하나님의 크신 뜻이 담겨있다. 그것은 우리는 이 땅의 그 무엇으로도 절대 안전을 보장받을 수 없지만 여호와 하나님을 나의 목자 삼아 살아가면 **절대 안전**을 보장받으며, 결코 **부족함이 없는 복**을 누리게 된다는 사실을 깨우쳐 주기 위함인 것이다.

그러면 여호와 하나님을 목자 삼아 살아가는 자가 누릴 「**부족함이 없는 그 복**」은 구체적으로 무슨 복인가? 그것은 여호와 하나님의
① **인도하심을 받는 복**이요
② **함께 하심의 복**이며
③ **여호와의 집에 영원히 살게 되는 복**이다.

① **인도하심**을 받되 쉴만한 물가로, 의의 길로 인도하심을 받으며(2~3절)
② **함께 하심**으로 말미암아(4절), 영혼이 소생됨의 복(3절), 사망을 포함한 그 어떤 두려움도 없는 복(4절), 안전하게 보호받는 복(4절), 사탄 마귀의 권세를 물리치고 영원한 승리를 누릴 복을 받게 되는 것이다.(5절)
③ 무엇보다도 가장 중요한 사실은 **여호와의 집에 영원히 살게 되는 복**을 누리게 되는 것이다.(6절)

그러므로 오늘 우리는 다윗의 고백을 본받아 오직 여호와 하나님만을 나의 목자 삼아 ① **인도하심의 복**과 ② **함께 하심의 복**을 ③ 그리고 **여호와의 집에 영원히 살게 되는 복**인 「**부족함이 없는 복**」을 누려야 한다.

하나님은 이 복을 믿는 모두가 누릴 수 있도록 그 길을 열어 주시기 위하여 예수 그리스도를 이 땅에 보내주셨으니 우리는 오직 예수 그리스도만을 나의 구주로 고백하고 믿음으로써 하나님이 허락하신 **부족함이 없는 복**을 누려야 한다.

주의 교훈으로 나를 인도하시고 후에는 영광으로 나를 영접 하시리니 하늘에서는 주 외에 누가 내게 있으리요 땅에서는 주 밖에 내가 사모할 이 없나이다. 내 육체와 마음은 쇠약하나 하나님은 내 마음의 반석이시요 영원한 분깃이시라.(시73:24~26)

하나님만을 절대 사모하며 사랑한 믿음의 사람 아삽!

믿음의 사람 아삽은 자신이 **절대 사모 할 대상**은 오직 하나님뿐이심을 찬양의 시로 이렇게 고백하고 있다. 그는 유한한 자신에게 있어서 하나님은 절대 부동의 전부요 영원한 분깃(몫)이 되심을 고백함으로써 하나님에 대한 사랑과 절대 신뢰를 확실히 한 것이다.

그는 **하나님의 말씀을 늘 가까이하고 묵상하며 살면서** 그 말씀 속에서 하나님의 은혜와 인도하심을 받았기 때문에 그 사실을 **주의 교훈**으로 나를 인도하셨다고 고백한다. 이와 같이 받은 바 그 은혜와 그 말씀에 근거하여 하나님의 **현재적 인도하심만이 아니라 미래의 천성에서도 영접해 주실 것임**을 절대 확신의 믿음으로 고백하고 있는 것이다.

그러므로 우리는 자신의 현재적 상황과 마음의 상태에 따라 요동치는 **감정적 믿음**이 아니라 **하나님과 그 약속의 말씀에 근거한 믿음**을 가져야 한다. 믿음의 사람 아삽처럼 **말씀에 근거한 반석 위의 믿음**을 가져야 한다. 말씀에 근거한 믿음만이 반석 위에 세워진 믿음이기 때문이다

◎ 아삽은 누구인가?

그는 다윗 시대에 **3대 악장**(헤만, 아삽, 여두둔)중 한 사람이었다(대상25:1) 그는 하

나님의 언약궤 앞에서 노래하며 제금을 켜면서(대상 15:19,16:5) 합창대의 리더인 악장(樂長)으로 봉사하면서 하나님을 찬양했던 믿음의 사람이다. 그래서 아삽은 어찌하면 하나님을 찬양으로 높여드릴까 궁리하다가 사모하는 마음을 담아 시편 12편을 작시하였는데(시편 50편, 73~83편), 그 중에 하나가 본문이다.

아삽은 그의 영혼이 얼마나 하나님만을 사모함으로 사랑했는지 그 결정적인 근거는 "**하늘에서는 주 외에 누가 내게 있으리요. 땅에서는 주 밖에 나의 사모할 자 없나이다.**"라고 고백함에서 잘 나타난다.(시73:25) 오늘 우리도 이와 같은 **아삽의 믿음**을 본받아 하나님만을 사모하여 사랑하고 **찬양함으로 높여 드리며** 천성에 입성할 그날까지 영원한 하늘의 소망으로 살아가야 한다.

내가 두 가지 일을 주께 구하였사오니 내가 죽기 전에 내게 거절하지 마옵소서. 곧 헛된 것과 거짓말을 내게서 멀리 하옵시며 나를 가난하게도 마옵시고 부하게도 마옵시고 오직 필요한 양식으로 나를 먹이시옵소서. 혹 내가 배불러서 하나님을 모른다 여호와가 누구냐 할까 하오며 혹 내가 가난하여 도둑질하고 내 하나님의 이름을 욕되게 할까 두려워함이니이다.(잠30:7~9)

경건한 믿음의 사람 아굴의 기도!

아굴의 기도는 **자신을 비운 경건한 기도**이자 **절제된 기도의 모범**이다. 믿음의 사람 아굴의 기도는 얼핏 보기에는 **지극히 소극적인 기도**를 한 것처럼 보이지만 사실은 **지극히 적극적인 기도**를 하고 있는 것이다. 왜냐하면 우리는 흔히 입술로는 하나님의 뜻을 이루기 위함이라고 말하면서도 내면으로 더 깊이 들어가면 실상은 자기 자신의 뜻을 이루기 위한 **자기 중심적 기도**가 거의 대부분인데, 아굴은 그러한 자기 중심적 기도가 아니라 하나님 앞에서 경건하게 살고자 하는 「**하나님 중심적인 기도**」를 하고 있기 때문이다.

이런 면에서 그는 사실 **절제된 최상의 기도**를 하고 있는 것이다. 그는 하나님 앞에서 경건하게 살기 위한 거룩한 의지를 두 가지로 구하고 있다.
① **헛된 것과 거짓말**을 자신에게서 멀리할 수 있게 해 달라고 기도하며
② 자신을 가난하게도 마시고 부하게도 마시고 **오직 필요한 양식으로 먹여달라**고 기도함이 바로 그것이다. 그가 이렇게 기도한 까닭은 하나님 앞에서 오직 순결하고 **경건한 믿음**으로 살기를 간절히 소원했기 때문이다.

특별히 가난하게도 마시고 부요하게도 마시며 오직 필요한 양식으로 먹여달라

고 구한 그 까닭은, **부요함**이 오히려 자신과 하나님 사이를 가로막은 장애물이 되어 **교만함**으로 변질되기 쉽다는 사실을 너무나 잘 알고 있었기 때문이다. 나아가 **가난함** 역시 그 궁핍함으로 말미암아 그릇 행하여 **하나님을 욕되게** 할 가능성이 충분히 있으니 이와 같은 상황만큼은 결코 없기를 간절히 소원했기 때문이다.

아굴이 드린 기도의 핵심은 어찌하든지 하나님만을 붙들고 **오직 하나님 중심으로 경건하게 살고자 하는 거룩한 고백**이자 동시에 그의 고백을 통해 우리를 깨우쳐 주시는 하나님의 말씀이다.

그러므로 오늘 우리는 이와 같은 아굴의 믿음의 고백을 본받아 끝까지 내 자신을 비워 **겸손하고 경건한 영혼**으로 살아가야 한다. 하나님이 우리에게 바라신 바는 우리가 이 세상의 그 무엇으로 하나님을 기쁘시게 해 드리는 것보다 **더 앞선 것**이 있으니 그것은 바로 우리가 자기 자신을 비우고 하나님께 온전히 순종하는 믿음 안에서 순결하고 **경건하게 사는 것**을 더 기뻐하시는 하나님이시기 때문이다. (삼상15:22)

내가 그리스도와 함께 십자가에 못 박혔나니 그런즉 이제는 내가 사는 것이 아니요 오직 내 안에 그리스도께서 사시는 것이라. 이제 내가 육체 가운데 사는 것은 나를 사랑하사 나를 위하여 자기 자신을 버리신 하나님의 아들을 믿는 믿음 안에서 사는 것이라.(갈2:20)

대표성의 원리와 연합의 원리에 근거한, 사도 바울의 믿음의 고백!

다메섹 도상에서 부활하신 주님을 만나 뵙고 회심한 사도 바울은 예수님의 죽으심과 부활이라는 그 **구속(救贖)의 은총**이 어떻게 자신에게 적용되는지 그 복된 원리를 믿음으로 고백함으로써 우리를 깨우쳐 주고 있다. 그 원리는 다름 아닌 「**대표성의 원리와 연합의 원리**」이다.

예수님이 십자가에 못 박혀 죽으시고 부활하신 그 구속의 사건은 단지 예수님 자신만을 위한 죽으심이요 부활하심이 아니라, 자신을 믿는 우리를 대속하기 위해 죽으신 죽으심이요 또한 부활하심이니 예수님의 그 은총이 우리에게 적용되는 원리는 「**대표성의 원리와 연합의 원리**」임을 명확히 한다. 이런 면에서 예수님의 죽으심은 명확히 우리를 대표하여 죽으심이요, 예수님의 부활하심은 명확히 우리를 대표하여 부활하심이다.

그러므로 우리는 이 대표성의 원리와 연합의 원리에 근거하여 우리에게 적용되는 예수 그리스도의 **대속의 은총**을 붙들고 오직 믿음으로 살아야 한다. 사도 바울이 고백하고 있는 **대표성의 원리와 연합의 원리**는 예수 그리스도의 의가 우리에게 **전가(轉嫁)되어 구원에 이르는 그 의**를 전제로 하되, 궁극적으로는 예수 그리스도가 **우리의 영원한 주인이 되심**을 깨우쳐 주고자함이다.

즉 자신은 **대표성의 원리와 연합의 원리**로 말미암아 그리스도에 의해 전가(轉嫁)된

① **그 의를 힘입어**

② **구원에 이르게** 되었을 뿐 아니라

③ **예수님이 주인이 되신 복**을 누리게 되었으니, 이제 더 이상 자기 자신을 위하여 살지 아니하고 **오직 자기 안에 사신 그리스도**를 위하여 믿음으로 살 것임을 분명히 밝히고 있는 것이다.

그러므로 예수 그리스도를 구주로 믿는 오늘 우리는 이처럼 **대표성의 원리와 연합의 원리**에 의해, **예수 그리스도의 의가 우리에게 전가(轉嫁)되어 구원**에 이르게 되었으니 우리는 이와 같은 복된 원리로 구원에 이르게 은혜를 베푸신 하나님께 감사하며 **오직 믿음**으로 살아가야한다.

성부 하나님의 뜻을 받들어 우리를 위해 성육신하신 예수님은 우리를 위해 **단번에 영원한 속죄의 제사**를 드리시고(히10:10) 우리를 완성된 영원의 세계로 인도하시고자 **성령님으로 더불어 지금도 우리 안에 내주하심으로 함께 하시니** 이와 같은 임마누엘(Ἐμμανουήλ, 하나님이 우리와 함께하심)의 은총을 감사하며 살아가야한다.

관제와 같이 벌써 내가 부음이 되고 나의 떠나갈 기약이 가까웠도다. 내가 선한 싸움을 싸우고 나의 달려갈 길을 마치고 믿음을 지켰으니 이제 후로는 나를 위하여 의의 면류관이 예비되었으므로 주 곧 의로우신 재판장이 그날에 내게 주실 것이니 내게만 아니라 주의 나타나심을 사모하는 모든 자에게니라 (딤후4:6~8)(개역)

순교를 앞둔 사도 바울의 믿음의 고백!

지중해와 에게해를 수없이 넘나들며 약 33년 동안 오직 예수 그리스도의 복음만을 위해 자신의 목숨까지 걸었던 사도 바울은 이제 자신의 순교가 임박했음을 직감하고서 믿음의 아들 디모데에게 마지막 유훈 격의 서신서를 썼으니 그 내용이 바로 디모데 후서이다. 사도 바울은 예수님의 지상 생애 33년과도 같은 기간인 약 33년의 복음의 여정의 그 종착역을 앞두고 이 서신서를 쓴 것이다.

당시 로마 황제 네로(AD37~68)는 64년 7월 19일에 발생한 로마시 대화재에 대해를 그 책임을 엉뚱하게도 기독교인들에게 돌렸다. 이렇게 해서 기독교인들이 대대적인 박해를 받을 때 기독교의 지도자로 지목되어 체포된 바울은 로마에서 또 다시 두 번째로 감옥살이를 하다가 순교로 생을 마감하게 된다. 이러한 상황에서 사도 바울은 자신의 순교가 매우 임박했음을 직감하고 소아시아의 에베소에서 목회를 하고 있는 디모데에게 속히 오라고 편지를 보낸 것이다.

실로 눈물 없이는 읽을 수 없는 이 디모데 후서는 그가 얼마나 우리 주님을 사랑했으며 그 복음을 위하여 수고했는지, 그리고 끝까지 하나님의 말씀인 성경만을 붙들고 믿음의 경주를 다했는지를 잘 보여준다.

그는 소아시아와 유럽을 바다 건너 뱃길로 오가며 복음을 증거했기 때문에 지중해와 에게해의 상황을 누구보다도 잘 알고 있었다. 그곳은 겨울이 되면 뱃길이 막혔기 때문이다. 게다가 자신의 순교가 매우 임박했음을 직감하고 있었기 때문에 그는 사랑하는 믿음의 아들 디모데에게 서신을 보내어 **"너는 속히 내게로 오라"**고 당부하고 있는 것이다.(딤후6:9)

사도 바울은 자신의 순교를 예견하고서 **"관제와 같이 벌서 내가 부음이 되었다"**고 고백한다. 여기에서 관제(灌祭)란 제사의 종류 중 하나가 아니라 화제, 요제, 거제처럼 제사를 드리는 방법 중 하나로써 **부어서 드리는 제사**이다. 또한 관제는 반드시 **다른 제사와 병행하여 드리는 제사**이다. 즉 번제나 화목제 등과 같은 희생의 제물을 드릴 때 그 제물 위에 함께 포도주나 독주를 부어서 드리는 것이 관제이다. 이 관제는 다른 말로는 전제(奠祭)라고도 부른다. 그러므로 제물 위에 이미 술을 부었다는 그 사실은 이미 제사를 드리는 절차가 모두 완료되었음을 의미한다. 사도바울은 이처럼 자신의 순교가 확정되었고 임박했음을 인지하고서 자신을 이미 쏟아 부은 바 된 제물인 관제로 비유하여 증거하고 있는 것이다.

이러한 상황 속에서 그는 자신의 지난 인생의 여정을 되돌며 보며 이렇게 증거하고 있다.
① 나의 떠나갈 기약이 가까웠도다.
② 내가 선한 싸움을 싸우고 나의 달려갈 길을 마쳤노라.
③ 그리고 믿음을 지켰노라.

바울은 우리의 인생이 이 세상에서 태어나고 죽음으로 끝이 아니요 영원한 **하늘의 도성**인 다음 목적지가 있음을 절대 확신한 믿음으로 충만했다. 그렇기 때문에 그는 "나의 떠나갈 기약이 가까웠도다."고 고백한 것이다.

여기에서 중요한 사실은 "내가 선한 싸움을 싸우고 나의 달려갈 길을 마치고 믿음을 지켰다."는 그의 고백이다. 인생을 영원한 푯대 되신 예수 그리스도로 그 목표를 분명히 한 가운데, 그 과정 속에서 몰아치는 수많은 환난을 겪으면서도(고후 11:23~27) 그는 마지막 순간까지 최선을 다하여 **믿음의 경주**를 하였기 때문에 이렇게 고백하고 있는 것이다.

그러므로 그는 이러한 자신에게 우리 주님이 상급을 주시되 「**의의 면류관**」을 씌워 주실 것을 확신하고 있다. 나아가 자신만이 아니라 자신처럼 거룩한 목표를 가지고 믿음의 경주를 하는 모든 믿음의 사람들에게도 동일하게 우리 주님으로부터 받을 의의 면류관이라는 상급이 있을 것임을 확신하고 있다.

우리가 주목할 또 하나의 사실은 사도 바울은 순교를 직면한 상황 속에서도 마지막 그 순간까지 어찌하든지 하나님의 말씀인 성경에 붙들려 살고파서 디모데에게 부탁하기를 자신이 (소아시아)드로아의 가보의 집에 맡겨둔 "**가죽 종이에 기록된 (구약)성경**"을 가져올 것을 당부하고 있다는 사실이다.(딤후4:13) 그 와중에도 (구약)성경을 가져올 것을 부탁한 이 사실을 통하여 우리는 그가 얼마나 하나님의 말씀인 성경을 사모하며 끝까지 그 말씀에 붙들려 살았는지를 보게 된다.

따라서 오늘 우리는 이와 같은 바울의 그 거룩한 믿음과 그 열정을 본받아 우리 주님이 우리 각자에게 맡겨주진 사명을 잘 감당하는 충성스러운 믿음 사람이 되어야 한다. 그러기 위해서 이 모든 것들의 절대적 근원은 **하나님의 말씀인 성경**이라는 사실을 깨닫고 우리는 마지막 순간까지 오직 말씀을 사모하고 말씀을 붙든 영혼으로 살아야 한다. 우리가 이 땅에서 하나님 앞에 가지고 갈 것은 아무것도 없고 오직 단 하나 **곱게 단장한 내 영혼뿐**이니!

◎ 구약의 제사 종류, 그리고 제사 방법의 이해!

구약의 주요 제사에는 5대 제사가 있으며 그것은 ① **번제**, ② **소제**, ③ **화목제**, ④**속죄제**, ⑤**속건제**이다. 이중에 소제만 곡물의 제사요 나머지는 모두 동물 희생인 피의 제사이다.

이와 같은 제사를 드리는 그 방법에 있어서는 불로 태워서 드리는 화제가 대부분이나 그 외에도 흔들어서 드리거나, 들어 올려서 드리거나 부어서 드리는 제사가 있으니 **그 방법은 4가지로써 ① 화제, ② 요제, ③ 거제, ④전제**(=관제)라고 부른다.

① 화제는 말 그대로 제물을 불로 태워서 하나님께 드리는 제사 형식이다.(레1:6-9)

② 요제는 제물을 높이 든 후, 하나님께 흔들어 드리는 제사 형식이다.(출29:24) 대표적으로는 곡식 단을 하나님께 드릴 경우이다.

③ 거제는 제물을 높이 들어 올려 하나님께 드리는 제사 형식이다. 대표적으로는 화목제물 우측 뒷다리를 하나님께 드릴 때 이 형식으로 드린다.

④ 관제(灌祭)는 부어서 드린다하여 관제(灌祭) 또는 전제(奠祭)라고 부르며 주로 포도주나 독주를 이런 형식으로 부어서 드린다. 관제는 그 특징이 단독으로 드리는 제사가 아니며 다른 희생제물을 드릴 때 그 제물 위에 부어서 곁들여 드리는 제사이다.

나와 나의 백성이 무엇이관대 이처럼 즐거운 마음으로 드릴 힘이 있었나이까 모든 것이 주께로 말미암았사오니 우리가 주의 손에서 받은 것으로 주께 드렸을 뿐이니이다. 주 앞에서는 우리가 우리 열조와 다름이 없이 나그네와 우거한 자라. 세상에 있는 날이 그림자 같아서 머무름이 없나이다.(대상29:14~15)(개역)

다윗 왕이 성전 건축예물을 하나님께 바치면서 드린 감사의 기도문!

오직 「하나님의 절대은총」만을 붙들고 70평생을 살았던 믿음의 사람 다윗 왕은 그의 인생의 노년에 예루살렘 성전 건축을 위한 예물을 백성들과 함께 드리면서 하나님께 감사의 봉헌 기도를 드리게 되니 그 내용이 본문 말씀이다.

다윗은 그가 준비한 이 예물을 드리면서 그 모든 것을 주신 분도 오직 하나님이요 그것을 하나님께 드릴 수 있는 마음을 주신 분도 하나님이심을 고백하고 있다.

우리는 이 고백을 통하여 다윗 왕이 왜 위대한 믿음의 사람이었는지 그 믿음의 근간을 엿볼 수 있다. 그는 모든 것의 중심에 오직 하나님만을 둔 **하나님 중심사상**과 그의 **절대은총사상**으로 충만했기 때문이다.

다윗은 그의 일생을 오직 하나님의 영광을 위하여 살았기 때문에 그 결과 온통 성전 건축을 위해서 살았다고 해도 과언이 아니다. 비록 자신이 직접 성전을 건축함은 하나님으로부터 승낙을 얻지 못하여(대상28:3) 아들 솔로몬을 통하여 그 꿈을 이루었지만 그는 일생을 성전 건축을 위해 모든 것을 성심껏 준비했기 때문이다. 그는 성전 건축을 위한 모든 재료만이 아니라 심지어 성전의 세부적인 설계도까지도 하나님의 성령의 도우심으로 응답을 받아 아들 솔로몬에게 전해주었다.

이와 같은 준비 과정을 통하여 다윗 왕은 비록 자신이 직접 성전을 건축하는 그 꿈을 이루지는 못했지만, 그보다 더 아름다운 **무형의 성전을 건축**하였으니 그것은 다름 아닌 자신의 영혼이 **하나님이 내주하실 성전**으로 아름답게 건축되었던 것이다. 그가 이렇게 아름다운 성전으로 그의 영혼이 건축되었기 때문에(고전 3:16) 그는 이러한 믿음에 근거하여 아름다운 봉헌기도를 할 수 있었다.

한 사람의 성숙한 신앙의 고백이 어느 날 갑자기 나온 것은 결코 아니다. 그의 내면의 깊은 곳에서 하나님을 사모하는 믿음의 영성이 지속적으로 샘솟다가 그것이 차고 넘쳐서 최종적으로는 입술의 고백으로 나온 것이기 때문이다.

그러므로 오늘 우리는 이와 같은 다윗의 믿음을 본받아 오직 하나님 중심 사상으로 충만한 믿음! 그의 절대은총을 붙든 믿음으로 날마다 내 영혼을 아름답게 건축해 가야 한다. 다윗의 고백처럼 나에게 주어진 모든 것들은 오직 하나님으로부터 말미암은 것이니, 다윗 왕처럼 **하나님께서 주신 것**을 다시금 **오직 하나님의 영광**을 위하여 드릴 수 있는 **성숙하고 겸손한 믿음**으로 살아가야한다.

비록 무화과나무가 무성하지 못하며 포도나무에 열매가 없으며 감람나무에 소출이 없으며 밭에 먹을 것이 없으며 우리에 양이 없으며 외양간에 소가 없을지라도 나는 여호와로 말미암아 즐거워하며 나의 구원의 하나님으로 말미암아 기뻐하리로다.(합 3:17~18)

> 오직 여호와 하나님만을 구원의 주요
> 기쁨의 원천으로 삼겠다는 하박국의 고백!

성지의 3대 과일나무는 ① 무화과나무, ② 포도나무, ③ 감람나무이다.(암5:9) 그러므로 이와 같은 열매들과 밭의 수확물 그리고 양과 소는 한마디로 생존의 절대적 기반인 것이다. 그런데 하박국 선지자는 이처럼 생존의 절대적 기반이 되는 이 모든 것들이 없다 할지라도 그는 구원의 주되신 여호와 하나님으로 말미암아 기쁨을 삼겠다고 고백한다.

하박국 선지자의 이 위대한 믿음의 고백은 우연히 나온 것이 아니다. 수많은 고뇌와 회의(懷疑)를 거친 후 하나님의 응답을 받고서 나온 것이다.

하박국 선지자는 자기 민족이 하나님의 선민임에도 불구하고 극도로 타락하여 공의는 무너지고 죄악과 불의가 넘치는 시대적 상황 앞에서 번민하게 된다. 그래서 그는 하나님을 향해 회의를 품고서 공의의 하나님은 왜 이 백성의 불의와 죄악을 징계하시지 않으시고 그냥 놔두십니까? 라고 기도를 하니 그 부분에 대해 하나님이 응답하셨다. 그들의 악을 그냥 놔두지 아니하고 징계하되 바벨론을 통하여 징계하실 것임을 분명히 말씀하신 것이다.

이 응답에 대해 하박국은 다시금 하나님께 질문하기를 **징계를 하시더라도 왜 하필이면 자기 민족보다 더 사악하고 하나님을 모르는 저 이방 민족 바벨론을 통하여 징계하시렵니까?** 하고 다시 물었다. 그 질문에 대해 하나님은 자기 백성을 잠시 바벨론을 통하여 비록 징계할지라도 바벨론은 그 임무가 끝나면 심판을 받게 될 것이지만, 자기 백성 **선민 이스라엘만큼은 궁극적으로는 구원하실 것을 약속**하신 것이다.

이처럼 하박국은 자신의 의문점에 대해 하나님으로부터 구체적인 응답을 받은 그 후 그의 영혼이 반전을 이루어 **진정한 믿음의 사람**으로 거듭나게 된 것이다.
그래서 그는 이 거룩한 자각 이후 「**공의의 하나님! 사랑의 하나님!**」 자신이 말씀하신 「**그 언약에 신실하신 하나님**」 의 구원을 찬양하고자 그와 같은 믿음의 고백을 찬양의 시로 남기게 된 것이다.
하박국은 이제 모든 회의에서 벗어나 비록 이 세상을 사는 동안 생존의 기반인 일체의 양식이 없는 상황이 발생한다 할지라도 자신은 오직 여호와 하나님만을 전적으로 의뢰하고 즐거워하며 살겠다는 믿음의 고백으로써 "**나는 여호와로 말미암아 즐거워하며 나의 구원의 하나님으로 말미암아 기뻐하리로다.**"고 이렇게 찬양한 것이다

하박국 선지자는 이처럼 마음의 회의를 거쳐서 최종적으로는 큰 믿음의 경지에 이르게 되는데 이와 같은 하박국 선지자의 성숙한 믿음의 고백은 오늘 우리를 깨우쳐 주시고자 하신 하나님의 뜻이 담겨 있다. 그것은 다름 아닌 우리가 인생을 살면서 악인이 득세하며 죄악이 판을 칠 때 **회의를 품지 말라**는 것이다.

그 근거로써 하나님은 **사랑의 하나님**이시요 그 언약을 반드시 지키시는 **신실하신 하나님**이시니
① **하나님의 공의에 대해 회의(懷疑)를 품고 믿음이 요동**치기보다는

② 반드시 공의로 역사하실 하나님이심을 **절대 확신**하며,

③ 나에게 주어진 그 어떤 **조건 때문에 감사하는 자**가 아니라 우리의 절대적 조건이 되신 **여호와 하나님으로 말미암아 감사**하며 살아가는 믿음의 사람이 되기를 바라신 하나님의 뜻이 담겨 있는 것이다.

사람이 마음으로 자기의 길을 계획할지라도 그의 걸음을 인도하시는 이는 여호와시

니라.(잠16:9)

우리의 인생길은 하나님의 계획과 예정 속에 인도함을 받는 것!

우리 인생의 주관자가 **내 자신**이 아니라 **여호와 하나님**이심을 하나님은 잠언의 말씀을 통하여 분명히 깨우쳐 주신다. 우리는 자신의 인생길이 자기 자신의 계획 속에 있다고 착각하고 살기 쉽다. 그 결과 **언제나 주어가 내 자신이다.** 하지만 하나님은 우리가 비록 자기 길을 계획한다고 할지라도 그 걸음을 인도하시는 이는 여호와 하나님이시라고 말씀하신다. 우리 인생의 주관자가 하나님이심을 분명히 하신다.

이런 면에서 우리의 인생길은 내가 걷는 것 같지만 실상은 **하나님의 계획과 예정** 속에서 걷고 있는 것이다. 우리의 발걸음을 거시적 안목에서 바라다보면 이 범주를 결코 벗어날 수가 없다. 마치 **시골 소년의 손에 그 고삐가 붙들린 소**는 그 나름대로 자유롭게 움직이며 풀을 뜯지만, 사실은 **그 주인이 인도하는 범위 내**에서 자유롭게 움직이며 풀을 뜯을 수 있는 것과도 같다. 우리는 하나님이 계획하신 예정과 그 목적에 따라 이 땅에 왔다가 또 그렇게 예정 속에 가기 때문이다. 그러므로 우리는 내 자신을 향한 하나님의 예정과 그 인도하심이 분명하다는 사실을 깨닫고 언제나 **그 뜻을 찾기에 민감한 영성**을 소유한 믿음의 사람으로 살아가야 한다. 하나님의 예정과 인도하심의 길을 거역하고 무조건 나 홀로 열심히 가봐야 결국은 원위치요 헛수고이기 때문이다.

그러면 **하나님이 우리의 걸음을 인도하신** 그 근본적인 목적은 무엇인가? 그것

은 우리를 통하여 **하나님의 크신 뜻을 이루어 가시기 위함**이다.

이 사실은 너무나 중요하기 때문에 하나님은 잠언을 통하여 거듭 "사람의 마음에는 많은 계획이 있어도 오직 여호와의 뜻만이 완전히 서리라."(잠19:21)고 말씀하신 것이다. 예레미야 선지자를 통해서도 다음과 같이 이 내용을 강조하여 말씀하신다. "여호와여 내가 알거니와 사람의 길이 자신에게 있지 아니하니 걸음을 지도함이 걷는 자에게 있지 아니하니이다."(렘10:23)

그러므로 우리는 인생의 발걸음을 나 홀로 내딛음이 아니라 나의 앞길을 인도하시는 **하나님께 전적으로 맡기고, 순종의 발걸음**을 내딛어 하나님의 크신 뜻을 이루어 가는 믿음의 사람이 되어야 한다.

구름이 성막 위에서 떠오를 때에는 이스라엘 자손이 그 모든 행진하는 길에 앞으로 나아갔고 구름이 떠오르지 않을 때에는 떠오르는 날까지 나아가지 아니하였으며 낮에는 여호와의 구름이 성막 위에 있고 밤에는 불이 그 구름 가운데에 있음을 이스라엘의 온 족속이 그 모든 행진하는 길에서 그들의 눈으로 보았더라.(출40:36~38)

광야에서 이스라엘 백성들을, 눈동자처럼 지키시며 인도하신 하나님!

구름기둥과 불기둥은 광야길 40년 동안 하나님이 이스라엘 백성들을 인도 하셨던 **가시적 수단**이자 **임재의 상징**이요 그 자체로써 **하나님의 메시지**였다. 하나님은 이스라엘 백성들을 출애굽 시키신 이후 광야에서 인도하실 때 철저히 **성막을 중심**으로 인도하시되, 그 인도하심의 가시적 사인으로는 낮에는 성막 위에 나타난 **구름기둥**으로 밤에는 **불기둥**으로 인도하셨다. 그러므로 성막 위에 나타난 구름기둥 불기둥! 이것은 하나님이 자기백성들을 향해 「**내가 여기 있노라! 내가 너희와 함께 하고 있노라!**」고 지속적으로 말씀하신 외적 사인(sign)이자, 하나님이 친히 「**임재(臨在)**」하시어 자기 백성을 눈동자처럼 지키시고 계심의 가시적 증거였다.

그래서 광야의 이스라엘 백성들은 험준한 광야 길을 이동할 때 자신들의 생각대로 이동하지 아니하고 철저히 성막과 그 위에 머물던 구름의 이동여부에 따라 이동했다. 심지어 구름이 성막 위에 머무는 그 기간이 단지 하루 밤이라 할지라도 구름이 떠오르면 미련 없이 즉시 이동했으며, 한 달이든지 일 년이든지(민9:22) 머무는 그 기간이 아무리 길어도 구름이 머무르면 이동하지 하지 아니하고 제자리에 머물렀다. (민9:22).

이것은 이스라엘 백성들의 **전진과 머무름의 그 판단**이 그들의 몫이 아니라 **하나님의 몫**이었음을 잘 보여준다. 동시에 여기에는 하나님의 특별한 교육 목적이 담겨 있는 것이다. 애굽에서 체득한 **종살이의 근성과 허물**에서 벗어나 하나님만을 **절대의뢰**하며 **절대 순종**하는 새 사람으로 거듭나 오직 믿음으로 전진하면 하나님이 예비하신 약속의 땅에 이를 수 있음을 확실히 깨우쳐 주시기 위함인 것이다. 그리고 궁극적으로는 오늘 우리를 향한 하나님의 메시지가 담겨 있으니 우리는 나의 인생길을 전진하되 **하나님의 말씀에 절대 순종**하여 **하나님의 영되신 성령의 인도하심을 받아 전진**해야만이 영원한 도성에 이를 수 있음을 말씀하신 것이다.

그러므로 오늘 우리는 출애굽한 이스라엘 백성들이 광야길 가는 동안 오직 성막을 중심으로 머무르고 이동했듯이 신약시대를 살아가는 오늘 우리는 성**막의 그 실체되신 우리 예수님을 중심**으로 살면서 영원한 천성에 이르러야한다. 우리 예수님은 성막의 실체로서 이 땅에 성육신하심으로 이미 찾아오시고 성부 하나님의 구속의 사역을 다 이루시고 승천하셨으니 이제 우리는 **예수님과 그의 영되신 성령님**의 인도하심을 받아 오직 순종의 발걸음으로 전진 또 전진하여 영원한 도성에 이르러야 한다.

◎성막에 대하여!
출애굽 당시 모세가 하나님의 지시에 따라 세운 성막은 비가시적 하나님이 출애굽한 이스라엘 백성들과 함께하시기 위한 **하나님의 임재의 처소**이자 그들과 함께하시며 친히 인도하신 이 땅의 본부인 셈이었다.

출애굽 후 1년 만에 세워진 **이동식 성전**인 성막은(출40:17) 그것이 만들어지기까지 약 6개월이 걸렸다. 이스라엘 백성들이 출애굽 후 시내광야에 위치한 시내산 기슭에 도착하기까지 약 2개월이 걸리고(출19:1), 모세가 그 시내 산에 올라 40일의 금식기도를 연달아 하며(출24:18,출34:28) 약 3개월이 지나 도합 약 6개월 정도가 소요 되었다. 그 후 하나님이 모세에게 보여주신 식양대로(출26:30), 하나님이 친히 지명하여 부르신 브살렐과 오홀리압을 통하여 성막과 여기에 관련된 일체의 기구들을 제작하니 약 6개월의 기간이 소요되어 출애굽 제2년 1월 1일에 성막이 세워졌기 때문이다(출40:1)

그 이전까지는 모세가 자신의 임무를 보던 **회막**에서 하나님이 말씀하셨는데(출33:11), 이제 그 성막이 완성되니 하나님은 **자신의 임재(臨在)의 처소**인 그 성막에 비가시적으로 임재하시어 함께하시며 인도하신 것이다. 이와 같이 하나님이 택한 자기 백성과 함께하심(=עִמָּנוּאֵל 임마누엘)은 구원의 예정 속에 처음부터 계획하신 바요(창3:15) 이사야를 통하여 구체적으로 예언하신 바인데(사7:14), 그 때가 차니 이제 더 이상 성막에 비가시적으로 임재하신 하나님이 아니라 가시적 하나님으로서 자기 백성과 함께하시고자 성자 하나님이신 예수 그리스도께서 친히 성육신하심으로 이 땅에 찾아오신 것이다.

그러므로 **구약의 성막의 그 실체**이신 우리 예수님이 성육신하심으로 우리 곁에 찾아오셨으니 이제 우리는 하나님의 임재의 수단이자 상징물에 불과한 구약의 성막을 붙든 믿음이 아니라 **그 실체를 붙든 믿음**으로 살아가야 한다. 지금도 변함없이 구약의 이동식 성전인 성막을 만들어 하나님을 섬기는 수단으로 삼고 살아간다면 그것은 **하나님의 임재의 수단**이자 그 그림자를 붙들고 살아가는 셈이니, 우리는 하나님의 한시적 임재의 수단인 성막을 붙들거나 구약적 절기들을 그대로 지킴으로써가 아니라 하나님 자신이신 **예수 그리스도**를 붙들고 섬김으로써 우리의 구원을 이루어 가야 한다.

왜냐하면 예수 그리스도는 구약시대인 옛적에는 여러 가지 방법과 모습으로 자기 자신을 나타내시되 신약시대에는 친히 자기 자신을 나타내신 하나님 자신이

시요 **영원부터 영원까지 유일한 구원의 주가** 되시기 때문이다.

이처럼 하나님이 우리와 함께하심(=임마누엘)의 그 방법은 **구약시대**에는 ① **성막을 통하여** 자기 백성과 함께하시고 **신약시대**에는 성자 하나님이신 ② **예수 그리스도께서 성육신하심으로** 함께 하시고, 예수님이 승천하신 그 이후 재림 시까지는 믿는 이의 심령 속에 내주하시되 성부와 성자의 하나님이 ③ **성령으로 더불어** 내주하시어 함께 하신 것이다.

◎구름이 떠오르지 아니하면 나아가지 아니함의 의미!
「**나아가지 아니함**」의 뜻은 단순히 나아가지 아니함이 아니다. 구름이 떠오르기 전까지는 절대로 진행해서는 아니 되는 「**절대금지**」를 의미한다. 왜냐하면 히브리어 אֹל(로)는 **절대부정의 의미**가 담겨 있기 때문이다.
그러므로 우리의 인생길도 하나님의 인도함이 없이는 절대로 나아가지 아니하는 **절대순종의 믿음**이 요구된다.

내 영혼의 만나 51

너는 마음을 다하여 여호와를 신뢰하고 네 명철을 의지하지 말라. 너는 범사에 그를 인정하라. 그리하면 네 길을 지도하시리라.(잠3:5~6)

하나님이 우리의 길을 기꺼이 인도하실 필요충분조건!

모든 것에는 조건과 원칙이 있듯이 하나님이 우리의 앞길을 **기꺼이 인도하심**에도 분명히 확실한 조건과 그 원칙이 있다. 그 조건과 원칙은 우리가 **하나님을 전적으로 의지**하고 **범사에 하나님을 인정**하는 믿음으로 살아가는 것이다. 그리할 때 하나님은 우리의 길을 인도하신다고 분명히 말씀하신다. 아무런 기준이 없이 내 자신이 원한다고 아무 때나 누구든지 인도하시는 무질서의 하나님은 아니시기 때문이다.

그러므로 우리는
① 하나님을 신뢰하되 **전적으로 신뢰**하고
② 하나님을 인정하되 **범사에 인정**하는 믿음으로 살아가야 한다.

하나님을 신뢰하되 **선택적 신뢰, 선택적 인정**이 아니라 **마음을 다하여 전적으로 신뢰**하고, **범사에 하나님을 인정하는 믿음**으로 살아가야 한다. 그리하면 길이 열린다. 그래서 하나님은 이러한 자에 대해 앞길을 책임지시고 인도해 주실 것임을 **"너의 길을 지도하시리라"**고 잠언 말씀을 통하여 약속하신 것이다.

따라서 우리는 자기 능력과 자기 지혜를 의지하는 그 어리석음을 버리고 예수 그리스도 안에서 오직 하나님만을 전적으로 신뢰하고 범사에 인정하는 믿음으로 살아가야 한다. 예수 그리스도는 성육신하신 하나님 자신이시자 하나님의 본

체로서 **하나님의 능력이요 하나님의 지혜이시니**(고전1:24)

믿음이 없이는 기쁘시게 하지 못하나니 하나님께 나아가는 자는 반드시 그가 계신 것과 또한 그가 자기를 찾는 자들에게 상주시는 이심을 믿어야 할지니라.(히11:6)

하나님을 기쁘시게 해 드릴 절대적 조건인 우리의 믿음!

하나님의 형상으로 지음을 받은 우리가 **하나님을 기쁘시게 해 드릴 수 있는 유일한 길**은 무엇인가? 그 길은 오직 우리의 믿음뿐이다. 그래서 히브리서는 "믿음이 없이는 기쁘시게 하지 못한다."고 증거 한 것이다.

그러면 이처럼 하나님을 기쁘시게 해 드릴 유일한 길인 그 믿음은 과연 어떤 믿음인가?

① 그 믿음은 **하나님이 계심을 믿는 절대 확신의 믿음**이요

② 그 하나님이 자기를 찾는 자들에게 보답하심으로써 **상주시는 분이심을 믿는 믿음**이다.

하나님은 예수 그리스도 안에서 이와 같은 **확실한 믿음**을 가지고 자기를 구하고 찾는 자들에게 **영원한 구원을 허락**하시고 그 믿음의 수고의 분량에 따라 **상급을 약속**하신 것이다.

내 영혼의 만나 53

우리가 흙에 속한 자의 형상을 입은 것같이 또한 하늘에 속한 자의 형상을 입으리라.(고전15:49)

우리의 영혼이 새롭게 갈아입을 부활체!

우리가 소망을 갖게 됨은 우리의 영혼이 새롭게 갈아입을 신령한 몸인 「**부활체**」가 있다는 사실 때문이다. 그 사실 때문에 우리는 육체적 **죽음이라는 허무**를 너머 「**영생의 소망**」을 갖게 되는 것이다.

이런 면에서 우리는 두 번의 형상을 입는다. 우리는 이미 현재의 육체라는 **흙에 속한 자의 형상**인 「**아담의 형상**」을 입었으니, 또한 장차 부활의 아침 그날에는 신령한 몸인 「**예수 그리스도의 형상**」 곧 **하늘에 속한 자의 형상**을 입게 되는 것이다. 죽을 수도 없고 썩을 수도 없는 영원한 형상인 예수 그리스도의 형상으로 우리의 영혼은 복된 부활체를 입게 되는 것이다.

이 사실을 깨우쳐 주시고자 하나님은 사도바울을 통하여 증거하시길 "우리가 흙에 속한 자의 형상을 입은 것같이 또한 하늘에 속한 자의 형상을 입으리라."고 말씀하신 것이다.

우리는 아담의 후손으로 육체를 입고 이 땅에 태어난 존재이니, 아담처럼 **흙에 속한 자**요 육체를 입은 **유한한 존재**일 수밖에 없는데 하나님은 이러한 우리를 **영생을 누릴 부활체**로 다시금 옷 입게 예정하셨다. 이것은 실로 하나님이 베푸신 최상의 은총으로써 그 누구든지 예수 그리스도를 믿기만 하면 그의 의가 전가되어 장차 부활의 아침에 **하늘에 속한 자의 형상**인 예수 그리스도의 형상으로 옷 입게 되는 것이다.

그러므로 우리는 **하늘에 속한 자의 형상**을 입으리라는 이 **영생의 소망**을 붙들고 유한한 이 땅의 인생을 오직 믿음으로 살아가야 한다. 잠시 머물다 떠나갈 이 땅에서의 나그네 세월을, 부활이요 생명이신 예수 그리스도만을 나의 인생의 주인으로 온전히 모시고 영원한 도성에 이를 영혼으로 살아가야 한다.

내 영혼의 만나 54

보라 내가 너희에게 비밀을 말하노니 우리가 다 잠잘 것이 아니요 마지막 나팔에 순식간에 홀연히 다 변화되리니 나팔 소리가 나매 죽은 자들이 썩지 아니할 것으로 다시 살고 우리도 변화되리라.(고전15:51~52)

예수님의 재림 시 그리스도인의 부활과 그 순서!

예수님의 재림 시 이 땅에 살다 간 모든 사람들은 전체가 다 예외 없이 부활에 이르게 된다. 그 부활은 크게 두 가지로 나누어지니 **그리스도인의 부활**과 **불신자의 부활**로 나누어진다. 그 중에서 그리스도인의 부활을 **첫째 부활**이라고 부른다.(계20:5)

이 첫째 부활에 참여하는 자는 복이 있으니 하나님 앞에서 「**심판의 대상**」으로서의 부활이 아니라 「**영생의 대상**」으로서의 부활이기 때문이다. 그래서 이 첫째 부활에 참여하는 자는 육체의 죽음에 이어 그 영혼이 다시금 지옥에서 맞이할 영원한 불의 심판을 받게 되는 둘째 사망이 없기 때문에 그 사실을 복되도다고 말씀하신 것이다.(계20:6)

본문은 예수님의 재림 시에 그리스도인의 부활인 **첫째 부활의 과정과 그 순서**를 미리 말씀해 주신 내용이다. 그리스도 안에서 이미 죽은 자와 그 당시에 살아있는 그리스도인은 어떻게 되는가에 대해 명확히 깨우쳐 주시는 말씀이다.

◎ 그리스도인의 부활의 과정과 그 순서!
① 하나님의 나팔 소리에 모든 그리스도인들은 **그 몸이 순식간에 변화**되되
② 이때 이미 **죽어 잠들어 있던 그리스도인들이 먼저 부활**하여 썩지 아니할 몸

인 부활체를 입고 다시 살아나며

③ 예수님의 재림 당시 **살아있는 그리스도인들은 그 몸이 순식간에 홀연히 변화**하여 부활체로 갈아입게 된다. 이와 같이 죽은 자의 부활과 산자의 몸의 변화는 순식간에 일어나게 된다. 단지 그 순서에 있어서 **죽은 자의 부활**이 먼저요 그 다음에 **산자의 몸의 변화**가 뒤 따르게 되는데 이 모든 것은 사실상 거의 동시적이다. 왜냐하면 헬라어 **"순식간에"**라는 ἐν ἄτομος(엔 아토모스)는 **더 이상 쪼갤 수 없는 아주 짧은 시간**을 의미하기 때문이다.

우리는 이 땅에 유한한 존재로 태어났기 때문에 언젠가 이 세상에서 죽음을 맞이하게 되는 개인적인 종말이 필연적으로 있지만, 그리스도인인 우리는 예수님의 권세를 힘입어 영생에 참여하기에 합당한 새로운 몸인 부활체로 갈아입게 되는 것이다.

그래서 우리의 영혼이 처음 입은 몸을 **썩어질 육체**로 옷 입었다고 말하며, 다시 새롭게 옷 입을 신령한 부활체를 **썩지 아니할 육체**로 옷 입을 것이라고 말씀한 것이다.

예수 그리스도를 믿는 그리스도인들은 이 땅에서의 호흡이 끝나면 그것으로 끝이 아니다. 일단 안식으로 들어가되 하나님이 창조의 사역을 마치고 안식하셨듯이 일정 기간 동안 안식하게 되는데(히4:9~10) 그 기간은 우리 예수님이 우리의 이름을 부르실 부활의 아침 그날까지이다. 이와 같은 하나님 구속사의 최종 완성을 위하여 우리 예수님은 **"우리가 거할 하늘의 처소를 예비하시고 재림"**하신 것이다.(요14:3) 우리를 다시 부활시키시어 영원한 천성에 두시고자 우리를 위한 하늘의 처소를 예비하시고 재림하신 것이다.

하나님이 계획하신 구속사의 완성은 이러한 과정을 거쳐서 우리를 유한에서 영원으로 인도해 가시니 사망을 영원히 멸하실 하나님은(사25:8), 이제 새롭게 개변

되어 창조된 이 영원의 세계에서 **사랑하는 자기 백성**을 가까이에 두고서 영원토록 함께 하시며 영원무궁한 하나님의 역사를 이끌어 가신 것이다.

　그러니 우리는 어찌 이 복된 부활을 소망하지 않겠는가? 어찌 이와 같이 영원한 구원을 허락하신 성 3위 하나님을 영원토록 찬양하지 않겠는가?

너희는 스스로 조심하라. 그렇지 않으면 방탕함과 술취함과 생활의 염려로 마음이 둔하여지고 뜻밖에 그 날이 덫과 같이 너희에게 임하리라. 이 날은 온 지구상에 거하는 모든 사람에게 임하리라. 이러므로 너희는 장차 올 이 모든 일을 능히 피하고 인자 앞에 서도록 항상 기도하며 깨어있으라.(눅21:34~36)

종말의 그 날인 예수님의 재림을 앞둔 그리스도인의 자세!

반드시 오고야 말 인류의 대 종말 앞에서 예수님은 그 날이 우리에게 덫과 같이 임하는 파멸의 그 날이 되지 않도록 **마음이 둔해짐을 조심하라**고 말씀하신다. **마음이 둔해짐**이란 하나님은 안중(眼中)에도 없이 온통 이 세상의 그 무엇에만 몰두하고 살아가는 **영적 무감각**을 의미하는데 이러한 영혼들에게는 종말이 덫과 같이 **파멸의 날**로 임할 것이기 때문이다.

그러므로 예수님은 우리의 마음을 둔하게 만들어 영혼을 파멸로 인도하는 3가지 ① **방탕함과** ② **술취함과** ③ **생활의 염려**를 조심하라고 말씀하신다. 이러한 생활은 하나님을 등지고 살아가는 사람들의 전형적인 모습인데 예수님은 이와 같은 불신앙의 블랙홀에 빠지지 않고 구원에 이르기 위하여 **항상 기도하며 깨어 있으라**고 말씀하신다.

① 방탕함과 ② 술취함과 ③ 생활의 염려 이 세 가지 공통점은 한결 같이 그 관심사가 오직 이 세상이다.
① 오직 **이 세상 속에서 쾌락**을 찾고
② **거기에 취해 살며**
③ 그것들에 대한 **지나친 집착으로 말미암은 근심들뿐**이다. 그러니 그 열매는

세상적이요 정욕적이며 그 끝은 자기 파멸일 수밖에 없는 것이다.

그래서 예수님은 이 세상의 쾌락에 취해 마음이 둔해져 일찍이 하나님의 심판을 받았던 그 대표적인 사례로 **노아 시대에 홍수로 말미암아 멸망한 사람들**을 예로 들어 다음과 같이 경고하신다. "홍수 전에 노아가 방주에 들어가던 날까지 사람들이 먹고 마시고 장가들고 시집가고 있으면서 홍수가 나서 그들을 다 멸하기까지 깨닫지 못하였으니 인자의 임함도 이와 같으리라.(마24:38-39)"

그러므로 우리는 내 영혼의 덫이 될 수밖에 없는 ① **방탕함**과 ② **술취함**과 ③ **생활의 염려**를 조심하고 또 조심해야 한다. 그러기 위하여 말씀에 붙들려 살면서 항상 기도함으로써 깨어 있어야 한다.

지혜가 제일이니 지혜를 얻으라. 네가 얻는 모든 것을 가지고 명철을 얻을지어다. 그
를 높이라! 그리하면 그가 너를 높이 들리라. 만일 그를 품으면 그가 너를 영화롭게
하리라!(잠4:7~8)

> **우리의 모든 것을 걸고서라도 얻으며, 높이며, 품어야 할 지혜 되신 예수 그리스도!**

 하나님은 잠언을 통하여 우리에게 지혜가 제일이니 우리의 가진 모든 것을 걸
고서라도 그 지혜를 ① **얻으며**, ② **높이고**, ③ **품으라**고 말씀하신다.

 성경이 증거하고 있는 지혜(חָכְמָה 호크마)는 우리가 인생을 살아가는데 있어서 필
요한 그 어떤 통찰력 정도만을 의미한 것은 아니다.

 이 지혜는 **하나님의 지혜**를 뜻하며 궁극적으로는 이 땅에 찾아오신 **예수 그리
스도**를 의미한다.

 왜냐하면 부활하신 우리 예수님은 부활하신 그날 오후 엠마오로 향하던 두 제
자에게 나타나시어 동행하면서 (구약)성경의 말씀을 풀어서 깨우쳐 주실 때 그
모든 내용과 주제가 자신에 관하여 기록된 것임을 분명히 하시기 때문이다.(눅
24:27)

 예언의 관점에서 구약 성경의 잠언에서 증거하고 있는 지혜(חָכְמָה 호크마)는 성육
신하신 예수 그리스도를 의미한다. 그 대표적인 성경 본문은 잠언8:30절 말씀으
로써 다음과 같이 증거하고 있다. "**내가 (성부 하나님) 그 곁에 있어서 창조자가 되
어 날마다 그 기뻐하신바 되었으며 항상 그 앞에서 즐거워하였노라**".

 그러므로 우리는 하나님의 지혜요 우리의 모든 것이 되신 예수 그리스도를

① **나의 구원의 주로 고백하며**

② **높이고**

③ **심령에 모시고** 살아가야 한다.

이렇게 존귀하게 모시고 살아가면 지혜 되신 우리 예수님이 우리를 영화롭게 해 주실 것임을 약속하시기 때문이다.

여호와를 의뢰하고 선을 행하라. 땅에 머무는 동안 그의 성실을 먹을 거리로 삼을 지어다. 또 여호와를 기뻐하라. 그가 네 마음의 소원을 네게 이루어 주시리로다.(시 37:3~4)

하나님이 우리의 소원을 기꺼이 이루어 주실 3대 조건!

하나님은 다윗의 고백을 통하여 우리가 하나님 앞에서 가져야 할 **마땅한 자세**가 무엇인지 확실히 깨우쳐 주신다. 동시에 그와 같은 자세는 하나님이 **우리의 소원을 기꺼이 이루어 주실 3대 조건**이기도 한 것이다.

우리가 하나님 앞에서 가져야 할 마땅한 자세로써는
① 여호와를 의뢰한 그 믿음으로 **선을 행하며**
② 여호와의 언약을 붙은 그 믿음으로 자기 영혼의 **양식을 삼으며**
③ 여호와를 지극히 기뻐하여 **영원토록 즐거워**함이다!

이 3가지는 실로 여호와 하나님이 그 마음에 **크게 감동하실 조건**이요 동시에 하나님이 우리의 앞길에 **기꺼이 개입하실 조건**이다.

그러므로 우리는 선을 행하되 여호와를 의뢰한 그 믿음으로 **선을 행하며**, 양식을 삼되 언약을 붙든 그 믿음으로 자기 영혼의 **양식을 삼으며**, 기뻐하되 여호와 하나님을 이 세상의 그 무엇보다도 더 기뻐하며 **영원토록 즐거워하는 믿음의 사람**이 되어야 한다.

고난 당한 것이 내게 유익이라. 이로 말미암아 내가 주의 율례들을 배우게 되었나이
다.(시119:71)

하나님이 허락하신 최고의 스승인 고난!

하나님이 우리 곁에 보내주신 **무언의 스승**이자 **최고의 스승**은 고난이라는 스승
이다. 고난은 우리가 변화될 그때까지 결코 우리 뒤로 물러서지 아니하고 임전무
퇴(臨戰無退)의 자세로 채찍을 들어 가르치기를 포기하지 않기 때문이다.

그런데 왜 하나님은 사랑의 하나님이신데 우리에게 이렇게 극심한 고난을 겪도
록 하면서까지 깨우치시는 것일까? 여기에는 깊은 뜻이 담겨 있으니 우리의 영
혼을 정금처럼 빚어내어 **거룩한 도구로 사용**하시기 위함이다. 하나님은 사용하
지 않을 자 연단도 않으신다.

어린 시절 나의 부모님은 녹슬고 망가져 아무런 쓸모도 없어 보인 연장까지도
버리지 아니하시고 잘 보관해 두었다가 기회가 되면 대장간에 가서 새로운 연장
으로 만들어 오곤 하셨다. 나는 여기에서 많은 교훈을 얻었다. 부러진 연장, 녹슨
연장도 풀무불과 대장장이의 손길을 거치면 쓸모 있는 완전히 새 연장으로 재탄
생되어 돌아왔기 때문이다.

우리 인간도 이처럼 고난이라는 풀무불 통과 과정이 반드시 요구된다. 인간은
너나 할 것 없이 본질적으로 교만한 존재인지라 고난이라는 연단의 풀무불을 통
과하지 않고서는 자신의 영혼을 파괴하는 교만이라는 그 녹을 스스로 벗겨내고
서 겸손한 영혼으로 거듭나기란 사실상 불가능하기 때문이다.

그래서 하나님은 이와 같은 사실을 너무나 잘 알고 계시기 때문에 이스라엘 백성들을 출애굽 시키실 때에도 험준한 광야 길 여정을 통하여 저들을 낮추심으로 빚으셨던 것이다.(신8:2) 이런 면에서 고난은 하나님이 허락하신 최고의 스승이요 조련사이다. 왜냐하면

① 고난을 통하여 우리는 **겸손한 영혼**으로 다시 빚어지고
② 자신을 의지함에서 벗어나 **하나님만을 의지하는 영혼**으로 다시 빚어지며
③ 온갖 불순물을 걷어낸 **성결한 영혼**으로 다시 태어날 수 있기 때문이다.

이처럼 우리의 영혼은 고난을 통과함으로써 내 영혼이 재탄생하게 된 것이다. 우리의 영혼은 하나님의 말씀 안에 뿌리 내림으로써 성장해 가지만 그 **믿음의 나이테**가 성장해 가는 구체적인 과정은 고난이라는 연단을 통하여 온전한 믿음의 사람으로 거듭나기 때문이다.

너희를 위하여 보물을 땅에 쌓아 두지 말라. 거기는 좀과 동록이 해하며 도둑이 구멍을 뚫고 도둑질하느니라. 오직 너희를 위하여 보물을 하늘에 쌓아 두라. 거기는 좀이나 동록이 해하지 못하며 도둑이 구멍을 뚫지도 못하고 도둑질도 못하느니라.(마 6:19~20)

우리 인생의 보물을 쌓아둘 곳은 이 땅이 아니라 하늘이다!

예수님은 우리에게 보물을 이 땅에 쌓아둠이 아니라 **하늘에 쌓아 두라**고 말씀하신다. 그곳은 우리가 보물을 **가장 안전하게 쌓아둘 곳**이자 **언젠가 돌아갈 우리의 본향**이기 때문이다. 이런 면에서 보물을 하늘에 쌓아 두라는 그 말씀 속에는 다음 두 가지의 의미가 담겨 있다.

우리가 이 땅에서 얻은 것들은 복되게 사용하지 않고서는 ① **그 무엇도 남길 수 없음**을 의미하며, 오직 하나님 앞에서 복되게 사용한 것만이 ② **하늘의 보화로 남게 됨**을 의미한 것이다.

그러므로 우리는 예수님의 말씀대로 우리의 보물을 하늘에 쌓아가는 지혜로운 믿음의 사람이 되어야 한다. 인생의 최종적 승리 여부는 결국 **보물을 하늘에 잘 쌓았느냐 쌓았지 않았느냐의 여부**에 달려있기 때문이다.

그러면 보물을 하늘에 쌓음이라는 그 실제적인 의미는 무엇인가? 그것은 나에게 주어진 모든 것들을 **예수님의 이름으로 거룩하게 사용하는 것**을 말한다. 나의 이름으로 이런저런 선을 행하는 것을 말하는 것이 아니다. 오직 예수님의 이름으로 하나님의 영광을 위하여 행하는 일체의 선행을 말한다.

구체적으로는 우리가 하나님의 것을 하나님의 것으로 인정하여 믿음의 고백으로 드리는 **십일조 예물**을 비롯하여 다양한 **믿음의 예물**을 드린 신앙고백의 행위만이 아니라 약자에게 긍휼을 베풀되 조건 없이 **믿음으로 베푼 일체의 선행들**은 보물을 하늘에 쌓는 행위이다. 또한 약자란 단순히 그 범위가 인간만이 아니다. 존재의 질서에 있어서 그 위치가 우리 인간보다 낮은 단계에 있는 것들, 곧 하나님의 형상으로 지음을 받은 우리 인간들보다 낮아서 인간들의 보호를 받아야 할 제3의 이웃들인 동식물들까지 포함된다. 이것들 역시 존귀하신 하나님이 창조하신 피조물들이니 존귀한 존재들인 것이다.

이와 같이 우리가 믿음 안에서 선을 행하는 구체적인 행위의 열매가 있을 때 이것을 **행함이 수반된 믿음**이라고 말하며, 이렇게 행함의 믿음의 그 결실로써 보물을 하늘에 쌓게 되는 것이다. **반짝인다고 모두가 금은 아니듯이 우리의 믿음도 이와 같다.** 그러므로 우리는 **선한 믿음의 행위**로 하나님께 영광을 돌리며 보물을 하늘에 쌓아가는 천국 백성이 되어야 한다.

비판을 받지 아니하려거든 비판하지 말라. 너희가 비판하는 그 비판으로 너희가 비판을 받을 것이요 너희가 헤아리는 그 헤아림으로 너희가 헤아림을 받을 것이니라.(마7:1~2)

(정죄성) 비판을 하지 말라!

사람들은 흔히 그 누구를 쉽게 판단하고 비판하기를 좋아한다. 하지만 예수님은 우리가 그 누구를 판단하여 비판함을 금지하신다. 여기에서 비판이란 자신이 모든 것의 옳고 그름을 판단할 수 있는 양 착각하고 심판자의 자리에 앉아 교만한 마음으로 판단하는 **정죄성 비판**을 말한다.

예수님이 비판을 금지하심에는 다음 세 가지의 분명한 목적이 담겨 있다.
① 우리는 모두 하나님 앞에서 **심판받아야 할 위치**에 있는 자들이기 때문이요
② **비판은 또 다른 비판을** 낳을 수밖에 없기 때문이며
③ **그 비판의 잣대로** 자기 자신이 **하나님 앞에서 심판받을 날**이 우리에게 반드시 있기 때문이다.

그러므로 우리는 그 누구든지 **정죄성 비판을** 해서는 안 된다. 그러한 자격이 있는 사람은 아무도 없으며 오직 하나님만이 우리를 심판하실 위치에 계시기 때문이다.

결정적인 사실은 자신이 비판을 한 **그 비판의 잣대로** 자기 자신이 **하나님 앞에서 심판을** 받을 날이 반드시 올 것이니 그런 어리석은 짓을 범하지 말라는 것이다.

이런 까닭에 하나님은 사도 바울을 통하여 다시 말씀하시기를 우리는 그 누구를 비판할 위치에 있지 않으니 비판을 삼가야함을, 하나님과 그의 백성들의 관계

를 **주인과 남의 하인의 관계**로 비유하여 다음과 같이 증거하고 있다. "남의 하인을 비판하는 너는 누구냐! 그가 서 있는 것이나 넘어지는 것이 자기 주인에게 있으매 그가 세움을 받으리니 이는 그를 세우시는 권능이 주께 있음이라."(롬14:4)

따라서 우리는 타인의 허물을 보고서 성급하게 판단하고 비판하는 어리석음을 범해서는 아니 된다. 오히려 타인의 그 허물을 보고서 그것을 타산지석 삼아 **내 영혼을 점검하고 비춰보는 거울**로 삼아야 한다. 그 이유는 우리도 언제든지 그와 같은 실수를 범할 가능성이 내재되어 있는 연약한 존재이기 때문이다.

나더러 주여 주여 하는 자마다 다 천국에 들어갈 것이 아니요 다만 하늘에 계신 내 아버지의 뜻대로 행하는 자라야 들어가리라.(마7:21)

예수님이 말씀하신 구원에 이를 필요충분 조건!

우리는 흔히 어떻게 믿던 **예수님을 믿으면** 그 사람은 구원에 이를 것이라고 생각하기 쉽다. 그래서 사실상 그렇게 생각하고 그렇게 믿으며 또한 그렇게 적당히 가르치기도 한다. 그러나 이것은 구원에 관한 성경의 내용을 자기 필요에 따라 선택적으로 이해함이요 「**전체적으로 이해함**」이 아니라 「**부분적으로 이해함**」에서 출발한 오해이다.

우리는 **예수를 믿으면 구원이다**는 이 대명제 앞에서 아무도 이의를 제기할 사람은 없다. 왜냐하면 **구원에 이를 절대적인 조건**은 분명히 **오직 믿음**이기 때문이다. 문제는 **예수를 믿는 그 믿음**은 과연 어떤 믿음인지, 그 믿음의 정의를 어떻게 내리느냐에 따라서 답은 크게 달라진다.

성경은 **구원에 이를 믿음의 정의**를 간단히 단 하나로 증거하지 않고 크게 두 가지로 증거하고 있다.

①**원론적이요 포괄적인 증거**와

②**구체적이요 세부적인 증거**가 바로 그것이다.

이 두 가지는 서로 상반되기 보다는 **상호 유기적**이다. 그래서 이 부분은 **헌법과 법률의 관계**와도 같다고 말할 수 있다. 헌법은 근본적인 정신과 그 방향성을 제시한다면, (포괄적 의미에서) 이 법률은 헌법에 근거하여 그 정신이 구체적으로 어떻게 실현되어야 할 것인가를 제시한다. 따라서 헌법은 분명히 법률 위에 있지만 동시에 그 헌법은 법률과 시행령과 규칙 등에 의해 구체화 되는 것이다. 그러므로 이 둘은 상호 유기적이요 분리할래야 분리할 수 없다.

이런 면에서 **「예수를 믿으면 구원」** 이라는 성경의 증거는 구원에 관한 증거 중 ① **원론적 증거**이자 헌법적 위치의 증거이다. 그런가 하면 **「하나님 아버지 뜻대로 행한 자가 구원에 이를 것」** 이라는 증거는 구원에 관한 증거 중 ② 매우 **구체적인 증거**로써 법률과 시행령과 규칙과도 같은 셈이다. 따라서 우리는 구원을 오직 예수를 믿으면 구원이라는 원론적이며 포괄적인 증거에만 초점을 맞추어 증거하면 안 된다.

그리하면 구원을 너무나 쉽고 가볍게 생각하여 필연적으로 큰 오해를 불러일으킬 수밖에 없기 때문이다. 값싼 복음이 바로 여기에서 나온 것이다. 성경에서 말하는 구원에 관한 증거인 원론적 증거와 구체적인 증거 이 두 가지 모두가 구체적으로 증거되어야 한다. 특히 예수 믿으면 구원이라는 **「원론적 증거」** 는 주로 복음을 짧게 증거 할 수밖에 없는 상황에서 **전도용**으로 사용되어야 한다. 그리고 반드시 그 이상의 구체적인 내용으로 양육이 되어야 한다.

그러면 구원에 관한 증거 중 구체적인 증거인 **「하나님 아버지 뜻대로 행한 자가 구원에 이를 것」** 이라는 그 믿음은 과연 어떤 믿음을 말하는 것인가?

그것은 예수 그리스도를 믿되

① **나의 주로 고백하여 믿으며**

② **사랑하며**

③ **그의 계명을 지켜 행하는 믿음**을 말한다. 이 내용은 매우 중요하다. 왜냐하면 예수님은 이러한 믿음을 가진 자가 구원에 이를 것임을 분명히 말씀하시기 때문이다.

그러므로 **구원에 이를 확실한 조건**은 입술로 **주여! 주여!** 함이 구원의 확실한 조건이 아니라, **하나님 아버지 뜻대로 행한 믿음만**이 확실한 구원의 조건이 되는 것이다. 다른 말로 표현하면 **행함의 믿음**이 확실한 구원의 조건인 것이다.

우리는 여기에서 **행함과 행함의 믿음**이 전혀 서로 다른 것임을 구별할 줄 알아야 한다. **행함과 행함의 믿음은 그 의미가 전혀 다르다.** 행함은 단지 행함에 불과할 뿐이요 **행함의 믿음**은 예수 그리스도를 믿는 믿음이라는 범주 안에 이루어진 행함이다. 우리는 오직 예수 그리스도를 믿음으로써 구원에 이르게 되는데 그 **믿음이라는 범주** 안에는 크게 보면 **행함이라는 믿음**이 절대적 요소로 포함되어 있는 것이다. 이 사실을 우리는 잊지 말아야 한다. 오직 믿음으로 구원이라고 단순히 말하면서 구원받은 십자가의 강도의 사례를 너무 가볍게 말하면 아니 된다. 그는 최후의 시점인 십자가 위에서 예수를 주로 고백하면서 더 이상 시간 속에서의 기회는 주어지지 않은 경우이다. 또한 모든 것을 다 아시며 모든 것을 주관하신 우리 예수님이 절대권세로 그에게 구원을 선포한 특별한 경우이기 때문이다.

따라서 우리는 성부 하나님이 계획하신 구속사를 이루기 위하여 이 땅에 오신 예수 그리스도를 믿되 ① **나의 주로 고백하여 믿으며** ② **사랑하며** ③ **그의 계명을 지켜 행함**으로써 구원에 이를 하나님의 사람으로 살아가야 한다. 예수 그리스도를 믿으며, 사랑하며, 그의 계명을 지킴! 이 3가지는 우리를 구원으로 확실히 인도할 **구원에 이를 믿음의 3위 일체**와도 같기 때문이다

예수님을 믿는다고 말하면서도 실상은 **예수님을 사랑**하지 않는다면 그 사람은 아직은 구원의 유무를 논할 수 없는 단계이다. 예수 그리스도를 구주로 고백하며 믿음에 있어서 가장 중요한 요소는 **예수님을 사랑함**이다. 예수님을 향한 믿음은 예수님을 사랑함과 결코 분리할 수 없기 때문이다. 그러면 예수님을 사랑함은 구체적으로 어떻게 행함으로 표출되어야 하는가? 그것은 다름 아닌 **예수님의 계명을 지킴으로써** 표출되어야 한다.

예수님은 "**나의 계명을 가지고 지키는 자라야 나를 사랑하는 자**"(요14:21)라고 분명히 말씀하시기 때문이다.

그러므로 우리는 예수님이 말씀하신 계명들을 **지켜 행하는 믿음 생활**을 하며,

그 중에서도 특히 예수님이 말씀하신 계명 중의 계명인 **사랑의 계명**(요13:34)을 삶 속에서 잘 실천하여 행하는 믿음 생활을 해야 한다.

우리는 구원에 이를 조건으로써 원론적이요 총체적 메시지인 **"누구든지 주의 이름을 부르는 자는 구원을 얻으리라"**(행2:21)는 그 말씀에만 너무 과도한 방점을 찍고 오직 그 단계의 자리에만 계속 머물러 있어서는 아니 된다. 이것은 말 그대로 복음 전파의 현장에서, 아주 짧은 시간에 Key-word만 증거한 가장 원론적인 구원의 메시지이기 때문이다.

예수님은 구원에 이르지 못할 **실격자**가 많되 예수님의 이름을 부르며 주여! 주여! 하는 자 중에서도 있을 것임을 분명히 하신다.(마7:21) 이 부분에 대해 더 구체적인 말씀으로 **"의인 중에서 악인을 갈라 내실 것"**이라고 말씀하시기 때문이다.(마13:49)

따라서 우리는 단지 입술로만 그럴듯하게 주여! 주여! 함이 아니라 **하나님 아버지의 뜻대로 행하는 진정한 믿음의 사람**으로 살기를 힘써야 한다. 그러기 위하여 우리는 하나님 아버지의 구속사를 완수하기 위하여 친히 이 땅에 찾아오신 예수 그리스도를 ① **나의 구주로 고백하여 믿으며** ② **사랑하며** ③ **그의 계명을 지켜 행함**으로써 하나님 아버지의 뜻을 이루어 가는 믿음의 사람이 되어야 한다. 그리하여 최종적으로 완성된 구원에 이르러야 한다.

이런 면에서 예수님을 믿어 **구원에 이를 그 믿음**은 과연 어떤 믿음인지 그 정의부터 바르게 함이 중요하다. 정의를 바르게 함에서 바른 믿음은 출발하기 때문이다. 구원에 이를 그 믿음이란 그냥 단순한 믿음이 아니라 예수 그리스도를 믿되 ① **나의 구주로 고백하여 믿으며** ② **사랑하며** ③ **그의 계명을 지켜 행함**이 우리 예수님이 말씀하신 구원에 이를 진정한 믿음이라는 사실을 결코 잊어서는 아니 된다!(요14:21)(마7:21)

내 영혼의 만나 62

하나님이 세상을 이처럼 사랑하사 독생자를 주셨으니 이는 그를 믿는 자마다 멸망하지 않고 영생을 얻게 하려 하심이라.(요3:16)

하나님의 지고한 사랑, 그 자체이신 예수 그리스도!

예수 그리스도는 우리를 향한 하나님의 지고한 사랑의 가장 확실한 증거이다. 그 안에는 하나님의 사랑이 완전히 담겨 있기 때문이다. 우리를 향한 하나님의 그 사랑은 독생자 예수 그리스도를 보내주시되 십자가까지 지게 하심이다. 이렇게 사랑하신 그 목적은 자신이 보내신 독생자 예수 그리스도를 믿는 자마다 **영생을 얻게 하려 하심**이다.

이런 면에서 예수 그리스도는 **하나님의 지고한 사랑 중에 사랑**이요 **그 사랑의 가장 확실한 증거 자체**이시다. 이 세상의 그 누구 그 어떤 왕이 다른 이의 죄와 허물을 용서해 주기 위하여 자신의 귀한 사랑하는 아들을, 본래의 영광스러운 모습과는 비교가 되지 않을 낮고 비천한 종의 모습으로 낮추어 보내줄 수 있다는 말인가? 그것도 부족하여 **십자가에 매달릴 속죄의 어린양**으로 내어줄 수 있다는 말인가? 결코 그럴 수 없다.

그래서 사도 요한은 이와 같은 하나님의 지고한 사랑을 "**하나님이 세상을 이처럼 사랑하셨다**"고 증거한 것이다. 따라서 여기에서 하나님이 "**세상을 이처럼 사랑하심**"이란 말씀의 "**이~처럼**"은 자신의 독생자를 우리를 위하여 십자가까지 지게 하신 ① **그 지고한 사랑**을 말씀하신 것이요, 그 지고한 사랑은 즉흥적이요 변화무쌍한 사랑이 아니라 ② **언약에 근거한 사랑**이요, 자신이 말씀하신 그 언약은 반드시 이루신 ③ **절대 신실한 사랑**임을 말씀하신다. 하나님이 이처럼 사랑하심의 그 궁극적인 목적은 누구든지 예수 그리스도를 믿기만 하면 아무도 멸망하지 않고 영원한 생명을 얻게 하려 함인 것이다.

그러므로 우리는 이와 같은 **하나님의 지고한 그 사랑**과 그 **언약의 신실성**을 붙들고 날마다 **그 은혜에 감사하며** 살아가야 한다. 영영 죽을 우리를 영원한 천성으로 인도하시기 위해 독생자까지 속죄의 제물로 내어주신 그 사랑에 감격하여 **언제나 찬양하며** 살아가야 한다!

하나님이 죄를 알지도 못하신 이를 우리를 대신하여 죄로 삼으신 것은 우리로 하여금
그 안에서 하나님의 의가 되게 하려 하심이니라 (고후5:21)

흠 없는 예수 그리스도를 통한 하나님의 구원의 은총!

우리를 향한 하나님의 구원의 은총은 흠 없는 자신의 독생자 예수 그리스도를
통한 구원의 은총이다. 하나님은 우리를 구원하시기 위하여 죄 없는 자신의 독생
자를 **속죄의 어린양**인 대속의 주로 보내주시어 우리를 대신하여 죄를 짊어지게
하심으로써 **하나님 자신과 화목의 길**을 활짝 열어주셨기 때문이다.

그런데 우리가 어떻게 해서 그 예수 그리스도를 통하여 하나님과 화목이 가능
하다는 말인가?

그것은 다름 아닌 **대표성의 원리와 연합의 원리**에 의해 흠 없는 **예수님의 의(義)**
가 우리에게 전가(轉嫁)된 그 의(義) 때문이다.

전가(轉嫁)된 의란, 말 그대로 예수님의 의가 **우리에게 옮겨진 의**를 말한다. 마치
자석에 쇠붙이를 붙여 함께 놔두면 그 쇠붙이에도 자성(磁性)을 띤 것과도 같은
원리이다. 하나님은 사도바울을 통하여 흠없는 예수님의 의가 대표성의 원리와
연합의 원리에 의해 우리에게 전가되되 **믿음을 통하여 전가됨**을 반복하여 말씀
하신다. 이 사실은 그만큼 매우 중요하기 때문이다. 우리에게는 의로움이 없지
만 하나님은 예수 그리스도의 의가 우리의 믿음을 통하여 우리에게 전가되어 의
로움에 이르도록 처음부터 예정하셨다.

따라서 하나님의 구속의 원리는 **대표성의 원리와 연합의 원리**에 의해 예수님의

속죄의 효력이 우리에게 미치게 되는 것이다. 어린양 되신 예수님의 속죄의 효력은 우리가 하나님 앞에서 **용서함을 받고 구원에 이르게 하는 능력**이기 때문이다.

그러므로 우리는 이와 같은 사실을 믿음으로 받아들이고 우리를 구원하기 위해 대속하신 예수 그리스도만을 나의 주로 붙들고 믿으면 되는 것이다. 그리하면 그 **믿음의 능력**이 우리를 구원으로 이끌기 때문이다.

이 복된 사실을 깨우쳐 주시기 위하여 하나님은 사도 바울을 통하여 증거하시길 "하나님이 죄를 알지도 못하신 자로 우리를 대신하여 죄를 삼으셨다"고 **대표성의 원리**에 근거한 속죄를 말씀하신 것이다.

나아가 이와 같은 **대표성의 원리와 연합의 원리**가 작동되게 하신 그 궁극적인 목적은 **전가된 의**를 통하여 우리를 구원에 이르게 하심임을 확실히 깨우쳐 주고자 "우리로 하여금 그 안에서 하나님의 의가 되게 하려 하심이라"고 말씀하신 것이다.

이런 면에서 **하나님의 의가 되심**이란 결국 **구원에 이르게 하는 의**가 되는 것을 의미한다. 우리는 하나님이 값없이 **의롭다고 인정해 주시고** 그리하여 그렇게 인정받은 **그 의로 말미암아 구원에** 이르게 되기 때문이다. 그래서 사도바울은 고린도 교회에 보낸 서신서에서 우리를 향한 "하나님의 약속은 얼마든지 예수 그리스도 안에서 예가 된다."고 증거 한 것이다. (고후1:20)

하나님의 뜻대로 하는 근심은 후회할 것이 없는 구원에 이르게 하는 회개를 이루는 것이요 세상 근심은 사망을 이루는 것이니라.(고후7:10)

세상 근심인 아닌 하나님의 뜻대로 하는 근심을 하여 생명에 이르라!

우리는 인생을 사는 동안 수많은 근심을 하며 살아가지만, 그 근심은 본질적으로는 단 두 가지밖에 없다고 하나님은 사도바울을 통하여 말씀하신다. 그것은 ① **하나님의 뜻대로 하는 근심이냐** ② **세상 근심이냐**가 바로 그것이다.

그런데 이 두 가지 근심은 전혀 다른 결과에 이르게 하니 **하나님의 뜻대로 하는 근심**은 회개를 불러일으켜 **구원에 이르게** 하며, 세상 근심은 **사망에 이르게** 한다.

그러므로 우리는 온통 세상 근심에 사로잡혀 영적 무감각 속에 살다가 최종적으로는 하나님 앞에 실격되어 **사망에 이를 자**가 아니라, 어찌하든지 하나님의 뜻대로 근심하며 회개한 영혼으로 살아감으로써 **구원에 이르는 자**가 되어야 한다.

실로 인간은 그 누구도 완벽할 수는 없다. 의인은 한 사람도 없기 때문이다.(롬3:10) 그러니 우리는 늘 내 영혼을 회개로 단장하고 살아야한다. 그리하여 하나님의 은총이신 예수 그리스도의 대속의 의를 힘입어 구원에 이르러야 한다. 그러기 위해서 우리는 날마다 하나님의 뜻대로 살고자 하는 **거룩한 근심**이 요구된다.

기도를 항상 힘쓰고 기도에 감사함으로 깨어 있으라.(골4:2)(개역)

우리가 항상 힘써야 할 기도!

하나님이 우리에게 바라신 최고의 우선순위는 우리가 기도하며 사는 것이다. 그래서 하나님은 사도바울을 통하여 기도의 중요성을 강조하시며

기도의 3대 원칙으로써

① **기도를 항상 힘쓰며**

② **깨어서 기도**하며

③ **감사함으로 기도**하라고 말씀하신 것이다.

① **기도를 항상 힘써야 할 그 이유**는 기도의 단절은 내 영혼의 호흡의 단절이요 하나님과 교제의 단절이기 때문이다. 그러므로 기도하되 간헐적인 기도가 아니라 **지속적으로 기도**하기를 힘써야 한다.

② **깨어서 기도해야 할 그 이유**는 우리의 영혼은 깨어서 기도하지 않으면 곧바로 둔해질 수밖에 없기 때문이다. 그러므로 우리는 늘 기도하되 **성령을 의지하여 깨어서 기도**해야 한다.

③ **감사함으로 기도해야 할 그 이유**는 감사함으로 아뢰는 기도야말로 하나님을 기쁘시게 해 드릴 가장 확실한 길이기 때문이다.

그러므로 오늘 우리는 기도의 능력은 내 영혼을 **깨어있게** 만들며, **하나님과 교통하게** 만들고 나아가 **응답의 통로**라는 사실을 깨닫고

① 기도를 항상 힘쓰며,

② 깨어서 기도하며,

③ 감사함으로 기도해야 한다. 하나님은 이런 믿음의 사람의 기도에 감동하시어 능력으로 개입하기를 기뻐하시기 때문이다.

사람에게 보이려고 그들 앞에서 너희 의를 행하지 않도록 주의하라. 그리하지 아니하면 하늘에 계신 너희 아버지께 상을 받지 못하느니라. 그러므로 구제할 때에 외식하는 자가 사람에게서 영광을 받으려고 회당과 거리에서 하는 것 같이 너희 앞에 나팔을 불지 말라. 진실로 너희에게 이르노니 그들은 자기 상을 이미 받았느니라.(마6:1~2)

예수님이 말씀하신 선행의 원칙!(선을 행하되 나팔을 불지 말라!)

우리는 인생을 선을 행하되 **믿음 안에서 선을 행하며** 살아야 한다. 믿음 안에서 선을 행하면 그 선행은 장차 하나님 앞에서 받을 **상급과 직결**되기 때문이다. 그런데 예수님은 우리가 선을 행하되 주의할 점으로 **결코 나팔을 불지 말라**고 말씀하신다. 우리가 행한 선행은 아무리 사소한 것이라 할지라도 장차 하나님 앞에서 **상급이 있지만**, 우리가 나팔을 분 선행은 사람으로부터 **이미 상을 받은 것**이요 하나님 앞에서는 받을 상급이 없기 때문이다.

그 대표적인 사례로 예수님은 바리새인들과 서기관들을 예로 들어 말씀하신다. 그들은 위선자들이요 사람의 칭찬을 즐겨하던 자들로서 **그 선행의 의도가** 사람의 칭찬을 염두에 둔 가식적 선행이요 **그 선행을 베푼 이후의 행위** 역시 나팔불기라는 **자기 과시**를 통하여 사람들로부터 이미 **자기의 상을 받은 자들**이기 때문이다. 그래서 예수님은 우리가 믿음으로 선을 행하되 그 선행이 하나님 앞에서 받을 귀한 상급이 될 수 있도록 **주의하라**고 말씀하신 것이다. **사람에게 보이려고 그들 앞에서 의**(선행)**를 행치 말며, 사람에게 영광을 받으려고 나팔을 불지 말라**고 말씀하신 것이다.

그러므로 우리는 믿음으로 선을 행하되 사람의 칭찬에 열광하여 그들로부터 ①
이미 상 받은 자로 살 것이 아니라 하나님 앞에 ② **장차 상 받을 자**로 살아야 한
다. 왜냐하면 상도 상 나름이니 우리가 사람으로부터 받은 그 상은 유한한 인간
이 준 **유한한 상**에 불과하지만 하나님으로부터 받을 그 상은 영원하신 하나님이
주실 **영원한 상**이기 때문이다.

내 영혼의 만나 67

너는 구제할 때에 오른 손이 하는 것을 왼손이 모르게 하여 네 구제함을 은밀하게 하라. 은밀한 중에 보시는 너의 아버지께서 갚으시리라.(마6:3~4)

선행(구제)의 기본 원칙과 그 목적!

우리는 어찌하든지 선을 행하기를 힘써야한다. 선행은 하나님의 명령이자 우리의 기쁨이요 또한 상급이기 때문이다. 그런데 선행도 선행 나름이니

하나님 앞에 **상급으로 남게 될 그 선행**(구제)에는 기본적인 원칙이 있다.
①그것은 **은밀히** 행해야 하며
②**오직 하나님께 영광**을 돌리기 위하여 행해야 하는 것이다.
이와 같은 선행에 대해서만 하나님이 갚아주실 것을 약속하시기 때문이다.

그래서 예수님은 우리가 사는 동안 선을 행하되 반드시 은밀히 행해야 함을 **"오른 손이 하는 것을 왼 손이 모르게 하라"**고 말씀하신 것이다. 두 손도 서로 모르게 하라는 그 의미는 **최상의 은밀함과 최상의 겸손함**으로 행하라는 뜻이다.

우리의 두 손은 결코 서로를 의식하며 과시함 속에 그 무엇을 하지 않는다. 자연스럽게 아주 겸손히 마땅히 자신이 할 바를 묵묵히 수행하는 것이다. 사실 엄밀히 말하면 두 손은 서로가 하는 바를 모를 리가 없다. 따라서 두 손이 서로 모르게 하라는 진정한 그 의미는 **당연히 알 수밖에 없는 두 손마저도 서로가 모를 정도로 그렇게 은밀히 행하라**는 강조의 표현이다.

영원한 상급의 주관자 되신 하나님이 모두 다 알고 계시니 인간 그 누구를 의

식하여 나를 알아달라고 드러내어 떠들며 선을 행하지 말라는 것이다. 오직 하나님만을 바라보고 **최상의 은밀함과 겸손함**으로 선을 행하라는 것이다. 이러한 믿음의 사람의 선행에 대해 하나님이 반드시 갚아주실 것을 약속하신다.

그러므로 무엇이든지 남에게 대접을 받고자 하는 대로 너희도 남을 대접하라. 이것이 율법이요 선지자니라.(마7:12)

남을 대접함은 이웃 사랑의 실천이자 최상의 규범이다!

예수님은 오늘 우리에게 「남을 대접함으로써 이웃을 사랑하라」고 명하신다. 왜냐하면 우리는 이미 하나님으로부터 **크나큰 사랑을 받은 빚진 자로서** 마땅히 그 사랑을 실천해야 할 위치에 있는 자들인데, 타자를 향한 대접이야말로 **모든 사랑의 출발점**이자 그 사랑의 **구체적 실천**이기 때문이다.

그래서 예수님은 남을 대접함으로써 사랑을 실천해야 할 그 당위성을 다음 두 가지로 말씀하신다.

① 먼저 우리는 **하나님의 지극한 사랑**과 더불어 **구하면 응답**이라는 약속을 받은 자들이기 때문이요

② 남을 대접함으로써 우리가 사랑을 실천해야 함은 하나님이 **구약성경 전체**를 통하여 **이미 말씀하신 핵심**이자 **하나님의 뜻**이기 때문이다.

특히 예수님은 우리가 남을 대접해야 할 그 근거를 밝히시면서 ① **그러므로 ~ 남을 대접하라**고 말씀하신다. 여기에서 「그러므로」라는 그 의미는, 우리가 하나님께 **구하고 찾고 두드리면 반드시 응답해 주실** 그와 같은 **응답의 약속을 받은 자**답게 우리도 마땅히 **인간관계에서 서로 남을 대접하라**는 뜻이다.(마7:11)

나아가 남을 **대접함의 구체적인 원칙**은 상대방이 나에게 해 주기를 바라는 그와 같은 **역지사지(易地思之)의 관점**에서 생각하고 **자신도 그렇게 남을 대접하라**는

것이다.

그러므로 우리는 하나님 앞에서 대접을 받되, 구하고 찾고 두드리면 응답이라는 약속을 받은 자답게 우리도 인간관계 속에서 겸허히 남을 대접해야한다. 크신 은총을 받을 자로서 인간관계 속에서 겸허히 남을 대접해야한다.

예수님의 이와 같은 명령은 우리가 추구해야할 **최상의 규범**인 일명 **황금률**(The Golden Rule)이다. 그 이유는 이와 같은 명령을 하신 그 주체가 우리의 응답의 근원이시자 우리를 위해 모든 것을 기꺼이 희생하신 **사랑의 예수님의 절대명령**이기 때문이다.

그러므로 우리는 "무엇이든지 남에게 대접을 받고자 하는 대로 너희도 남을 대접하라"는 예수님의 그 명령인 「**사랑의 계명**」을 잘 실천하고 살아가야한다.

누구든지 사람 앞에서 나를 시인하면 나도 하늘에 계신 내 아버지 앞에서 그를 시인할 것이요 누구든지 사람 앞에서 나를 부인하면 나도 하늘에 계신 내 아버지 앞에서 그를 부인하리라.(마10:32~33)

구원의 절대적 조건인 예수 그리스도에 대한 공적인 시인!

내 영혼의 생사는 오직 예수님께 달려있다. 우리는 흔히 믿으면 구원이라고 쉽게 말들하곤 하지만 엄밀한 의미에서 구원에 이를 그 **믿음**이란 **예수님이 하나님 앞에서 인정해 주실 믿음이라야 만이 구원에 이를 진정한 믿음인 것이다.** 그러면 예수님이 인정해 주실 그 믿음은 과연 어떤 믿음인가? 그것은 바로 그 어떤 경우에도 뒤로 물러서지 않는 믿음을 말한다. 즉 복음 때문에 박해를 받으며 생사가 걸린 심문의 자리에 선다고 할지라도 뒤로 물러서지 아니하고 오직 예수 그리스도만을 나의 구주로, **공적으로 시인할 수 있는 믿음**을 말한다. 이와 같은 공적인 시인을 예수님은 **사람 앞에서 나를 시인함**이라고 말씀하시기 때문이다.

따라서 우리 영혼의 생사는 우리가 가진 그 믿음을 예수님이 인정해 주심에 달려있다. 사람들 보기에 비록 믿는 것처럼 보인다 할지라도 심판의 자리에 섰을 때 예수님이 그 믿음을 인정해 주시지 않을 믿음이라면 그의 영혼은 실격이다.

이런 면에서 사람의 눈으로 봐서는 당연히 믿는 자요 구원에 이를 것이라고 판단되는 자 중에서도 누군가는 예수님 앞에서 실격자가 나올 수밖에 없음을 예수님은 다음과 같이 말씀하신다. **"나더러 주여 주여 하는 자마다 다 천국에 들어갈 것이 아니요 다만 하늘에 계신 내 아버지의 뜻대로 행하는 자라야 들어가리라."**(마7:21) **"의인 중에서 악인을 갈라내어 풀무에 던져 넣으리니."**(마13:49)

그러므로 우리는 그 어떠한 상황에서도 심지어 복음 때문에 이 땅에서 나의 목숨을 걸어야 할 상황에 직면한다 할지라도 예수님을 부인하지 아니하고 담대히 시인하는 믿음의 사람이 되어야 한다. 예수님을 시인하고 부인함은 단순한 시인과 부인의 문제가 아니라 최종적으로는 우리 **영혼의 생사를 가를 시인과 부인**이기 때문이다.

내가 너희에게 이르노니 사람이 무슨 무익한 말을 하든지 심판 날에 이에 대하여 심문을 받으리니 네 말로 의롭다 함을 받고 네 말로 정죄함을 받으리라.(마12:36~37)

우리의 말은 자유지만 그 결과는 자유가 아니다.

우리가 말을 조심해야 할 그 이유가 바로 여기에 있다. 예수님은 이 부분에 대해 "사람이 무슨 무익한 말을 하든지 **심판 날에 이에 대하여 심문을 받으리라**"고! 분명히 말씀하신다. 그러므로 우리는 말을 조심하고 또 조심해야 한다.

우리가 말을 조심해야 할 그 이유를 구체적으로 살펴보면 크게 두 가지이니
① 하나님은 우리가 한 말에 대해 반드시 **그 책임을 물으시기 때문**이요
② 말은 우리 마음속의 생각들이 밖으로 표출될 때 그것을 제어(制御)하거나 또는 걸러내는 **최후의 안전장치**이기 때문이다.

우리가 한 말에 대해 하나님은 **반드시 그 책임을 물으신다**. 그래서 예수님은 이 사실을 깨우쳐 주시고자 "사람이 무슨 무익한 말(사소한 말)을 하든지 심판 날에 이에 대하여 심문을 받으리라"고 말씀하신 것이다.

우리의 말은 단순한 책임이 아니라 우리 영혼의 생사를 가른다. 물론 믿는 이들은 회개로써 말의 허물에 대하여 용서받을 수는 있다. 하지만 불신앙인들은 믿지 아니함이라는 불신의 죄와 더불어 말의 허물까지 더하니 분명 영혼의 생사를 가른 것이다. 이 정도로 말은 매우 중요하기 때문에 예수님은 "네 말로 의롭다 함을 받고 네 말로 정죄함을 받으리라"고 하신 것이다. 말은 대부분 우리의 마음속에 오랜 시간 자리를 잡고 머물러 있던 것들이 입술을 통하여 밖으로 나온 것들이기 때문이다. 그러므로 우리의 입술에 파수꾼을 세워야 할 이유가

여기에 있다.(시141:3)

우리가 말을 조심해야 할 또 하나의 이유는 말은 우리가 마음속의 생각을 표출할 때 그것을 잘 제어(制御)하거나 걸러내는 **최후의 안전장치**이기 때문이다. **말은 일단 표출되면 지배력이 있다.** 일단 밖으로 표출되는 순간 그 대상이 자기 자신이건 타인이건 상관이 없이 말은 **살아서 움직이며 지배력을 발휘**하기 시작한다.

따라서 우리는 입술에 파수꾼을 세워 악하고 불신앙적인 생각의 표출은 제어하고 언제나 **유익하고 선한 말**을 하기를 힘써야한다. 특히 **믿음의 말**을 하기를 힘써야한다. 심는대로 거두게 하신 하나님 앞에서(갈6:7) 죽느냐 사느냐 하는 것이 혀의 권세에 달려있기 때문이다.(잠18:21).

예수께서 이르시되 내가 곧 길이요 진리요 생명이니 나로 말미암지 않고는 아버지께로 올 자가 없느니라.(요14:6)

우리의 유일한 구원의 길이 되신 예수 그리스도!

길이란 목적지에 이르기 위해 반드시 거쳐야 하는 「과정이자 통로」이다. 그런데 예수님은 자신을 길이라고 말씀하신다. 이것은 실로 가장 적합하고 명확한 표현이다. 왜냐하면 자신을 통해서만이 하나님 아버지께 이를 수 있기 때문이다. 천성에 계신 하나님 아버지께 이를 수 있는 길이라는 면에서 예수님은 단순한 가시적 길이 아니라 「구원에 이르는 비가시적 길」이 되신 것이다.

이 세상 그 무엇이 우리를 하나님께로 인도할 수 있는 구원의 길이 될 수 있겠는가? 그것들은 지음을 받은 존재들이기 때문에 결코 불가능하며 절대자이신 하나님만이 가능한 것이다. 그러므로 우리 주님은 성자 하나님으로서 친히 그 길이 되어주시기 위해 이 땅에 성육신하심으로 찾아오신 것이다.

우리 예수님은 우리를 위한 비가시적 구원의 길이자 영원에 이를 영적인 그 도로의 개통식과도 같은 십자가의 대속을 앞두고 제자들과 마지막 유월절 식사를 하셨다. 이때 예수님은 영원한 도성에 이를 수 있는 그 길이 바로 자기 자신이심을 구체적으로 이렇게 말씀하신다.
"내가 곧 길이요 진리요 생명이니 나로 말미암지 않고는 아버지께로 올 자가 없느니라."

여기에서 「내가 곧 길이요 진리요 생명」이라는 그 의미는 내가 곧 그 길 자체이니 **진리와 생명으로 인도 하는 길**이라는 것이다.(초대 교부들의 일반적인 해석임) 이처럼 예수님은 영원자이시니 영원히 불변한 진리이시며, 또한 자존자로서 영원한 생명이시니 **그 안에서 그의 인도하심을 따라** 천성에 계신 하나님 아버지께 이를 수 있는 것이다. 그러니 예수님만이 하늘에 계신 아버지께 이를 **유일한 길**이 되신 것이다.

예수님은 이 사실을 명확히 깨우쳐 주시고자 "**나로 말미암지 않고는 아버지께로 올 자가 없느니라.**"고 말씀하신 것이다. 이것은 예수님이 친히 말씀하신 구원의 유일성에 관한 메시지이자 불변의 진리이다.

그러므로 우리는 오직 예수님만을 내 영혼이 영원한 하늘의 도성에 이를 **구원의 길** 삼아 주님 안에서 주와 더불어 그 길을 걸어가야 한다. 영원에 이를 그날까지 오직 예수 그리스도만을 나의 구주로 모시고 **생명의 길, 구원의 그 길**을 걸어가야 한다. 이것이 바로 믿음의 길이다. 이 세상 무엇과도 바꿀 수 없는!

나의 계명을 가지고 지키는 자라야 나를 사랑하는 자니 나를 사랑하는 자는 내 아버지께 사랑을 받을 것이요 나도 그를 사랑하여 그에게 나를 나타내리라.(요14:21)

구원에 이를 진정한 믿음!

예수님은 자신의 계명을 지킴으로써 자신을 사랑하는 믿음의 사람에게 예수님도 그를 사랑하여 자신을 나타내시겠다고 약속하신다. 자신을 나타내시겠다는 이 말의 진정한 의미는 「확실한 구원」에 대한 다른 표현이다.

그러므로 우리는 「예수님의 계명을 지킴」으로써 예수님을 사랑하는 믿음의 사람이 되어야 한다. 믿음도 믿음 나름이니 이와 같은 믿음만이 구원에 이를 확실한 믿음이기 때문이다. 그러면 예수님이 우리에게 요구하신 구원과 직결된 결정적인 계명은 무엇인가? 그것은 다름 아닌 「사랑의 계명」이다.(요13:34) 먼저 하나님을 사랑하고 이웃을 사랑하라는 사랑의 계명이다.(마22:37~40) 우리는 이 사랑의 계명을 잘 지켜 실천함으로써 구원에 이를 진정한 그리스도인이 될 수 있는 것이다.

이런 면에서 구원에 이를 믿음의 **필요충분조건**은
 ① **예수님을 나의 구주로 믿으며**
②**그를 사랑하고!**
③**그의 계명을 지키는 것**이라고 정의할 수 있다.
 이러한 믿음의 사람에게 예수님은 하나님이 베푸실 은총과 구원의 보증으로써 다음 3가지를 약속하고 계신다.
 ① 성부 **하나님의 사랑**을 받을 것이며

② 예수님 **자신도 그를 사랑**할 것이요

③ 그리하여 그에게 **자신을 나타내시겠다**고 약속하심이다.

    그러므로 오늘 우리는 하나님이 나의 구원을 위해 이 땅에 보내주신 **예수님을 나의 구주로 믿으며, 사랑하고, 그의 계명을 지켜 행하는 신실한 믿음**으로 살아가야 한다. 예수님과 사실상 거의 상관없이 살면서 **단지 입술로만 주여 주여하는 형식적인 믿음**에서 벗어나 오직 예수 그리스도만을 나의 구주로 고백하여 믿으며 사랑하고 그의 계명을 지켜 행함으로써 주와 동행하는 온전한 믿음의 사람이 되어야 한다.

다른 이로써는 구원을 받을 수 없나니 천하 사람 중에 구원을 받을 만한 다른 이름을 우리에게 주신 일이 없음이라.(행4:12)

유일한 구원의 능력이 되신 예수 그리스도!

베드로가 산헤드린 공회 앞에서 증거 했던 이 고백적 설교는 우리를 향한 구원의 능력이 오직 **예수 그리스도**와 **그의 이름**에 있음을 분명히 깨우쳐 주신다. 베드로가 선포한 그 증거의 핵심은 자신이 예루살렘 성전 미문에서 구걸하던 앉은뱅이를 고친 그 놀라운 능력의 사건이 ① **다른 그 누구도** ② **다른 그 어떤 이름**도 아니요 오직 예수 그리스도와 그의 이름의 권세로 말미암아 치유하는 구원의 역사가 나타났음을 강조하여 증거하고 있다.

왜냐하면 산헤드린 회원들인(회원 70명, 의장 1명으로 구성) 그들은 일찍이 예수님의 권세와 그 능력조차도 귀신의 왕 바알세불을 힘입어 능력을 행사한다는 일명 **마귀 권세론**으로 몰고 간 바 있었듯이(마12:24), 베드로에게도 동일하게 **귀신의 왕 바알세불**(=사탄, 마귀)의 권세를 힘입어 능력을 행사했다는 방향으로 몰아가고자 함을 간파했기 때문이다. 그러나 나면서부터 40년 동안 걷지 못했던 성전 미문의 앉은뱅이 치유 사건은 베드로 그 개인의 능력도 산헤드린 회원 그들이 생각하는 사탄의 능력도 아니요 오직 예수 그리스도와 그의 이름이 능력이었다. 베드로는 여기에 쓰임 받은 그 능력의 통로였을 뿐이다.

그러므로 오늘 우리는 **유일한 구원의 능력**이 되신 **예수 그리스도와 그의 이름만**을 붙들고 의지하면서 담대히 믿음의 길을 걸어야 한다. 우리를 향한 구원의 능력은 예나 지금도 변함없이 오직 예수 그리스도와 그의 이름에 있는 것이니!

천국은 마치 밭에 감추인 보화와 같으니 사람이 이를 발견한 후 숨겨 두고 기뻐하여 돌아가서 자기의 소유를 다 팔아 그 밭을 사느니라. 또 천국은 마치 좋은 진주를 구하는 장사와 같으니 극히 값진 진주 하나를 발견하매 가서 자기의 소유를 다 팔아 그 진주를 사느니라.(마13:44~46)

> **너무나 소중하여 결코 포기하거나 양보할 수 없는 영원한 천국!**

우리가 영생을 누리게 될 천국은 이 세상의 그 무엇과도 바꿀 수 없다. 그래서 예수님은 이 천국은 우리의 모든 것을 걸고서라도 자신의 것으로 만들어야 할 가장 소중한 것임을 「**보화와 진주 비유**」를 통하여 말씀하신 것이다.

예수님은 보화 비유를 통하여 어떤 사람이 밭에 감춰진 보화를 발견하게 되자 **그것을 그대로 덮어 감춰두고서**, 기쁘고 설레는 마음으로 곧바로 돌아가 **자신의 모든 소유를 다 팔아서** 그 보화가 묻혀 있던 밭을 샀다고 말씀하신다.

예수님은 극히 값진 진주 비유를 통하여 그 값진 진주 하나를 발견한 한 상인이 너무나 기쁜 나머지 그 진주를 반드시 자기의 것으로 만들기 위해 즉시 집으로 돌아가서 **자기의 소유를 다 팔아서** 그 진주를 샀다고 말씀하신다. 이 두 주인공의 한결같은 공통점은 그 귀한 보화와 진주를 반드시 자기의 것으로 만들기 위해 **자신이 가진 모든 것을 걸었다**는 점이다.

보화와 진주를 발견한 두 주인공이 그것에 모든 것을 걸고서 **그 밭과 진주를 샀다**는 예수님의 이 말씀의 의미는
① 천국은 **결코 포기할 수 없는 것**이요

② 반드시 쟁취해야 할 **절대적인 값어치가 있는 것**이며

③ 그것을 얻기 위해 **모든 것을 건 자에게만 주어질 것**임을 말씀하신 것이다.

따라서 여기에서 천국이란 예수님이 친히 우리를 위해 **예비하신 거처**이자(요 14:3), 예수님이 영원히 통치하실 **영원무궁의 세계**를 의미한다. 나아가 궁극적으로는 이 모든 것을 주관하신 **예수님 자신**을 의미한다.

그러므로 오늘 우리는 영원한 천국의 주인공이 되기 위해서 우리의 모든 것이 되신 예수님께 우리의 모든 것을 건 믿음으로 살아가야 한다. 오직 예수님만이 나의 보화요 진주요 영원한 생명이시니 우리 주님께 나의 일생 모든 것을 건 믿음으로 살아가야 한다.

너희 염려를 다 주께 맡기라. 이는 그가 너희를 돌보심이라.(벧전5:7)

염려는 짊어지는 것이 아니라 맡기되 하나님께 맡기는 것!

우리는 수많은 염려를 자신이 직접 짊어지고 인생길을 가고자 한다. 그래서 인생을 힘겹게 살아간다. 그러나 하나님은 이러한 우리에게 사도 베드로를 통하여 말씀하시길 너희 염려를 다 주께 맡기라고 하신다. 주 하나님이 직접 책임져 주실 것이니 맡기라는 것이다. 이것은 실로 우리에게 **최고의 복음**이니 그 이유는 염려로부터 결코 자유 할 수 없는 우리에게 하나님이 베푸실 **최고의 은총**이기 때문이다.

그러므로 우리는 이 말씀에 아멘으로 화답하며 염려를 다 하나님께 맡긴 믿음으로 살아가야 한다. 맡기되 믿음으로 온전히 맡기고 감사하며 살아가야 한다.

염려를 다 주께 맡기라는 그 의미는 **전적인 맡김**을 의미한다. 염려만이 아니라 염려의 주체가 된 **자기 자신까지 온전히 맡김**을 의미한다. 우리가 염려를 하나님께 맡겨야할 그 이유는 **우리의 모든 것을 잘 아신 하나님**이 우리의 **문제까지도** 이미 마음에 두고 계시기 때문이다. 하나님이 마음에 두고 계신다는 이 말의 실제적인 의미는 **반드시 책임져 주심**을 의미한다. 그러하니 걱정하지 말고 전적으로 맡기라는 것이다. 하나님은 우리가 맡기되 전적으로 맡길 때 바로 그 **전적인 의뢰의 믿음**을 받으시고 기꺼이 책임져 주시기를 기뻐하시기 때문이다.

우리가 염려를 주께 맡겨야 할 또 다른 이유는 **염려의 무익성**과 **유해성** 때문이다. 그래서 예수님은 산상 수훈에서 염려하지 말라고 강조하여 말씀하신 것이다.(마6:31) 그 구체적인 이유는 문제 앞에서 염려는 문제 해결책이 아니라 오히려 **내 영혼에 유해**하기 때문이다.(잠17:22) 더욱이 염려는 나의 약함을 우리의 대적 마귀에게 노출시켜서 그가 교활하게 역사할 구체적인 빌미만 제공할 뿐이기 때문이다.

 따라서 우리는 염려를 모두 다 하나님께 맡기고 살아가야 한다. 이것이 염려로부터 자유할 수 있는 **맡김의 믿음**이요 하나님은 이와 같은 큰 믿음을 기쁘게 받으시고 능력으로 역사하시기 때문이다.

그러므로 이제 그리스도 예수 안에 있는 자에게는 결코 정죄함이 없나니 이는 그리스도 예수 안에 있는 생명의 성령의 법이 죄와 사망의 법에서 너를 해방하였음이라.(롬8:1~2)

그리스도 예수 안에서 누릴 정죄함이 없는 복!

그리스도인이 누릴 최고의 복은 하나님이 우리의 죄에 대해 유죄 선고를 하지 않으실 **정죄함이 없는 복**이다. 정죄함이 없다는 이 말의 의미는 우리의 **구원에 대한 다른 표현**이기 때문이다.

사도 바울은 정죄함이 없는 그 대상과 근거를 **그리스도 예수 안에 있는 자요 성령의 역사**라고 증거하고 있다.

이것을 좀 더 세부적으로 표현하면

① **예수 그리스도의 대속의 은총과**

② **그 안에 거한 우리의 믿음!**

③ **그리고 성령의 역사**로 말미암아 구원에 이른다는 사실이다.

그러므로 우리는 **오직 믿음으로 예수 그리스도 안에 거하며**, 오직 믿음으로 **성령에 붙들려** 살아야 한다. 우리는 예수 그리스도의 대속의 은총을 힘입지 않고서는 결코 의롭다 함을 얻을 수 없고, 성령의 역사 없이는 예수 그리스도의 그 흠 없는 의가 우리에게 효과적으로 **전가(轉嫁)**될 수 없기 때문이다.

우리가 구원에 이르는 그 과정을 좀 더 명확히 살펴보면 그것은 우리의 믿음을 통하여 예수 그리스도의 의(義)가 전가되기 때문이다. 우리를 향한 예수 그리스도의 대속(代贖)의 그 효력은 우리의 믿음을 통하여 전가되는 것이다. **대표성의**

원리와 **연합의 원리**에 의해 대속하신 우리 예수님의 그 흠 없는 의가 우리의 믿음을 통하여 전가(轉嫁)되는 것이다. 따라서 우리는 우리의 의(義)가 되신 예수 그리스도만을 나의 구주로 고백하며 **그 안에 거한 믿음**으로 살아야 한다.

나아가 예수 그리스도의 속죄의 그 효력이 우리에게 **효과적으로 전가**되는 것은 예수님의 영이자 성부 하나님의 영이신 **성령의 역사**로 말미암은 것이니 우리는 철저히 **성령에 붙들려** 살아가야 한다.

분을 내어도 죄를 짓지 말며 해가 지도록 분을 품지 말고 마귀로 틈을 타지 못하게 하

라.(엡4:26~27)(개역)

분노를 가슴 속에 오래 품지 말라!

분노는 우리의 인생을 **파멸로 이끌기 쉬운 촉매제**와 같으니, 성경은 분노의 위험성을 경고한다.(욥5:2) 분노로 가인은 동생 아벨을 죽이고 최초의 살인자가 되었으며(창4:8), 다윗의 군장 요압은 원한에 쌓인 분노로 군장 아브넬을 죽임으로써(삼하3:27), 다윗 왕의 가슴에 못을 박고 결국 저주받은 자가 되었다.(삼하3:29) 이들의 공통점은 영원한 실패자가 되었다는 사실이다.

그래서 하나님은 분노 앞에서 우리가 어떠한 자세를 취해야 할지 사도바울을 통하여 더욱 명확히 말씀하신다. 그것은 다름 아닌

① 분을 내어도 **죄를 짓지 말며**

② 해가 지도록 분을 **가슴 속에 품지 말고**

③ **마귀로 틈을 타지 못하게 하라**고 하심이다.

하나님이 이렇게 우리에게 분노를 오래 품지 말라고 하신 그 까닭은 무엇일까? 그것은 분노의 **폭발성과 그 위험성** 때문인데 그런 분노를 가슴 속에 오래 품고 있으면 **마귀에게 역사할 기회만** 주기 때문이다. 그리고 그 결국은 파멸에 이를 수도 있기 때문이다.

그러므로 우리는 쉽게 분노하기보다 ① 자기 자신을 잘 절제하여 분노하기를 조심하며 ② 혹시나 가슴 속에 **분노의 불씨**가 여전히 남아있다면 그 불씨를 최대

한 빨리 꺼야 한다. ③ 또한 분노는 결국 마귀에게 역사할 기회만 제공한 셈이니 그런 어리석음을 범하지 말고 항상 내 자신을 잘 절제하여 오래참음으로 무장하고 하나님의 자녀답게 온유하게 살아야 한다.

또 산에 오르사 자기가 원하는 자들을 부르시니 나아온지라. 이에 열둘을 세우셨으니 이는 자기와 함께 있게 하시고 또 보내사 전도도 하며 귀신을 내쫓는 권능도 가지게 하려 하심이러라.(막3:13~15)

예수님이 열두 제자를 택하여 세우신 그 목적!

성부 하나님의 구속사(救贖史)를 완수하기 위해 친히 육신을 입고 이 땅에 찾아오신 성자 하나님이신 우리 예수님은 그 사역을 완수하기 위해 12제자를 택하여 세우셨다. 성경은 그 목적을

① 자신과 「**함께 있게**」 하시며

② 보내어 「**전도**」도 하며

③ 「**귀신을 내어 쫓는 권능**」도 갖게 하심이라고 증거한다. 핵심은 사랑하시기 때문에 곁에 불러 **함께 있게 하시며** 그들을 통하여 **복음 전파를 지속**하시기 위함이다.

하나님의 구속사의 연속성과 그 일관성의 관점에서 살펴보면 제1차 선민인 구약의 이스라엘 백성들을 선택한 목적과 예수님이 12제자들을 선택한 목적은 동일하다.

하나님은 자기 백성 이스라엘을 애굽에서 인도하여 내신 그 목적이 그들의 하나님이 되시어 "(그들과 함께 하심으로써) 그들 중에 거하려고 하심"이라고 말씀하신다.(출29:46) 이와 같은 성부 하나님의 구속사를 완수하기 위해 이 땅에 찾아오신 예수님 역시 12제자를 택하신 그 첫 번째 목적은 **교육과 훈련**이지만 더 본질적으로는 사랑하시기 때문에 **자신과 함께 있게** 하고자 함인 것이다.

사랑하기 때문에 함께 하고픈 마음은 인간의 속성만이 아니다. 이것은 본래 하나님의 속성이요 거룩한 의지인데(출29:46), 성부 하나님의 계획에 따라 이 땅에 오신 성자 하나님이신 우리 예수님은 지속적으로 복음이 전파되어 무수한 영혼들이 사랑의 주님! 생명의 주님과 함께 할 수 있도록 하기 위하여 제자들에게 **전도의 사명**을 주신 것이다. 그리고 이와 같은 복음 전파가 효과적으로 수행될 수 있도록 특별한 은사인 **귀신을 내어 쫓는 권세**도 주셨다. 이 모든 것의 근본적인 목적은 자신이 창조하신 이 세상을 **사랑**하시기 때문이요 누구든지 믿기만 하면 **영원한 생명을 누릴 구원**에 이르게 하고자 하신 거룩한 의지 때문이다.

그러므로 오늘 우리는 이와 같은 예수님의 거룩하신 뜻을 받들어 이 시대의 예수님의 제자인 그리스도인답게 그 부르심의 목적에 합당하게 살아가야 한다. 그 길은 바로

① 사랑의 예수님과 늘 **함께함으로써 동행**하는 것이요

② **전도에 힘씀**으로써 더 많은 영혼들이 예수님과 함께 할 수 있도록 **구원의 길로 인도**하는 것이며

③ 예수님이 우리에게 허락하신 특별한 은사인 **귀신을 내어 쫓는 능력**을 성령의 충만함으로 행사하여 어두움의 세력을 몰아내고 복음의 열매를 맺는 것이다.

내 영혼의 만나 79

예수께서 나아와 말씀하여 이르시되 하늘과 땅의 모든 권세를 내게 주셨으니 그러므로 너희는 가서 모든 민족으로 제자를 삼아 아버지와 아들과 성령의 이름으로 세례를 베풀고 내가 너희에게 분부한 모든 것을 가르쳐 지키게 하라. 볼지어다. 내가 세상 끝 날까지 너희와 항상 함께 있으리라.(마28:18~20)

부활하신 예수님의 지상명령인 복음 전파명령과 약속!

부활하신 예수님은 제자들과 생전에 이미 약속해 두셨던 갈릴리 그 산에서 그들을 만나 ① **복음 전파를 명령**하시고 ② **그들과 항상 함께하실 것을 약속**하셨다. 예수님의 이 명령은 일명 **지상명령**(至上命令)이라고 부르는데 그 이유는 지상명령이란 **行위의 결과에 구애됨이 없이, 행위 그 자체가 선**(善)**을 이루기 때문에 무조건 수행이 요구되는 명령**이다.

부활하신 예수님은 복음 전파의 그 대상과 그 전파의 구체적인 방법으로써 **모든 민족을 그 대상으로 하여 제자를 삼아, 성삼위 하나님의 이름으로 ① 세례를 베풀고 ② 그들을 가르치라**고 명하신다. 가르치되 **예수님이 명하셨던 모든 것을 지킬 수 있도록 가르치라**고 명하신다.

이 말씀을 요약하면 **복음 전파**에 힘쓰되 **전도**와 **양육**에 진력하라는 의미이다. 여기에서 우리가 놓쳐서는 안 될 부분은 예수님이 말씀하신 복음 전파의 명령은 단순히 전도로 그침이 아니라 **예수님이 명하셨던 모든 것을 지킬 수 있도록 가르치라**고 명하신다는 점이다. 예수님이 이렇게 말씀하신 그 이유는 복음 전파함 없이는 예수를 주로 믿을 수도 없지만, 동시에 복음에 관하여 구체적으로 양육 받지 않고서는 예수님이 명하신 바가 무엇인지 말씀의 지식이 부족하여 이를 준행하며 살아갈 수도 없기 때문이다.

예수님은 이와 같이 중요한 복음 전파 명령을 하시면서 **최상의 약속**을 하셨으니, 그것은 다름 아닌 **세상 끝 날까지 너희와 항상 함께 있으리라**는 약속의 말씀이다. 이 약속의 말씀은 파란 많은 세상을 살아가는 오늘 우리에게 **최고의 복음**인 것이다. 부활의 주! 능력의 예수님이 복음 전파자와 함께 항상 현장에 함께 하시겠다고 약속을 하셨는데 그 무엇이 두렵겠는가?

그러므로 오늘 우리는 어찌하든지 예수님의 이름으로 복음을 전파하기에 힘써야 한다. 때를 얻든지 못 얻든지 믿지 않는 영혼들의 심령에 복음의 씨앗을 뿌리는 「**전도**」와 더불어, 뿌린 그 씨앗이 잘 뿌리내리고 자라서 풍성히 열매 맺을 수 있도록 힘써 제대로 「**양육**」 하기를 멈추지 않아야 한다.(고전3:6) 장성한 그리스도인이 저절로 나온 것이 아니다. 전도와 더불어 철저히 양육 과정이라는 교육을 통해서만이 나올 수 있기 때문이다. 나아가 우리가 누릴 수 있는 최상의 복은 예수님이 나와 **항상 함께하시고, 동행하심의 복**인데 그 복은 복음 전파의 여정을 통하여 가장 확실히 누릴 수 있기 때문이다.

모든 성경은 하나님의 감동으로 된 것으로 교훈과 책망과 바르게 함과 의로 교육하기에 유익하니 이는 하나님의 사람으로 온전하게 하며 모든 선한 일을 행할 능력을 갖추게 하려 함이라.(딤후3:16~17)

하나님의 말씀인 성경의 절대적 권위!

성경이 하나님의 말씀인 그 근거는 하나님의 감동으로 기록되었기 때문이다. 성경이 비록 사람을 통하여 인간의 언어와 글로 기록되었지만, 성경이 하나님의 말씀인 그 까닭은 성경은 하나님의 감동으로 기록되었기 때문이다. 그러므로 모든 성경은 하나님의 말씀인 것이다. 따라서 성경은 그 자체로서 절대적 권위를 가지고 있으며 우리를 바르게 세워나갈 수 있는 능력이 있다.

그래서 사도바울은 성경의 절대적 권위에 근거한 그 유익성을

① **교훈과**

② **책망과**

③ **바르게 함과**

④ **의로 교육하기에 유익하다**고 증거한다.

① 사람을 **진실하게** 가르치기에 유익하니 참 **교훈의 능력**이며

② 우리의 허물을 **꾸짖어 깨우치기**에 유익하니 **책망의 능력**이요

③ 우리의 **허물을 교정**하기에 유익하니 **바르게 함의 능력**이며

④ **의로운 믿음의 사람**으로 훈련시키기에 유익하니 **의로운 교육의 능력**인 것이다.

오직 성경만이 오직 성경을 통해서 우리의 영혼은 하나님의 사람으로 거듭날 수 있기 때문이다. 성경은 이와 같이 우리를 하나님의 사람으로 변화시켜, 선한 일을 행하기에 온전하게 인도할 능력이 있는 것이다.

그러므로 우리는 성경의 권위에 절대복종하며 사모하는 마음으로 이 성경 말씀을 늘 가까이하여 자기 자신을 하나님의 말씀으로 곱게 세워나가야 한다. 나아가 이 성경에 근거한 바른 지식으로 복음을 증거하되, **올바르게 증거**하여 한 영혼이라도 더 **온전한 그리스도인**으로 세워나가야 한다.

두세 사람이 내 이름으로 모인 곳에는 나도 그들 중에 있느니라.(마18:20)

예수님의 이름으로 모인 곳에 우리 예수님이 함께 하실 임재의 은총!

예수님은 우리의 소망이요 기쁨의 원천인데 지금, 이 순간도 예수님이 우리와 함께하시는 **임재의 은총**을 누리고 산다면 그 얼마나 좋을까? 그런데 예수님은 그 길을 허락해 주셨다.

우리가 직접 눈으로 뵐 수는 없지만 직접 모시고 살아갈 수 있는 바로 그 길을 우리에게 허락해 주신 것이다. 이것은 실로 엄청난 은총인데 예수님은 다름 아닌 **자신의 이름으로 두세 사람이 모인 곳에 기꺼이 임재하실 것**을 약속하신다. 즉 예수님의 이름으로 모여 합심하여 기도하며 찬양하고 예배드리는 그 거룩한 「**공동체 가운데 임재**」하실 것을 약속하신 것이다. 이 공동체를 교회라고 부른다.

그러므로 우리는 예수님의 이름으로 모이기를 힘써야 한다. 예수님의 이름으로 모여 합심하여 기도하며 함께 찬양하고 예배드리기를 힘써야 한다. 이 땅의 교회는 바로 이와 같은 거룩한 임무를 부여받은 거룩한 공동체이기 때문에 교회(ἐκκλησία:에클레시아)라고 부른 것이다. 여타의 단순한 모임과 구별하여 우리 예수님으로부터 이 **세상에서 부름 받은 거룩한 공동체**라는 의미로 이렇게 부른 것이다.

이 외에도 예수님의 확실한 임재의 약속에는
크게 보면 두 가지가 더 있으니 그것은
① 「**복음 전파의 현장**」에 함께 하시며(마28:18-20)

② 예수님을 사랑하여 「**그의 계명을 지키는 믿음의 사람의 심령 속**」에 내주하심으로써 임재하실 것을 약속하신다. (요14:23,골1:27)

따라서 우리는 함께 모여 기도드리기를 힘쓰며 「**예배**」드리기를 힘쓰고 때를 얻든지 못 얻든지 「**복음 전파**」를 힘쓰며, 예수님의 계명 중의 계명인 「**사랑의 계명**」을 삶 가운데서 지켜 행하며 살아가기를 힘써야 한다.

믿음의 기도는 병든 자를 구원하리니 주께서 그를 일으키시리라 혹시 죄를 범하였을 지라도 사하심을 받으리라. 이러므로 너희 죄를 서로 고백하며 병이 낫기를 위하여 서로 기도하라 의인의 간구는 역사하는 힘이 큼이니라.(약5:15~16)

병든 자를 위한 믿음의 기도의 능력!

우리 인생의 위기는 누구에게나 찾아오지만, 특별히 큰 위기는 질병을 통해서 찾아온다고 해도 과언이 아니다. 그런데 하나님은 이런 위기에 직면한 병든 자를 대면했을 때 그를 긍휼히 여기며 도울 수 있는 확실한 방법으로써 그를 위하여 **믿음으로 기도하라**고 말씀하신다. 이렇게 믿음으로 기도하면 하나님은 그 믿음의 기도에 기꺼이 응답하시고 그 병든 자를 치유하시어 구원해 주실 것을 약속하신다.

그러므로 우리는 병든 자가 우리 곁에 가까이 있을 경우 그를 위해 마땅히 해야 할 바는 기도이다. 이것은 야고보서를 통한 하나님의 명령이니 우리는 병든 자를 위해 **병 낫기를 위하여 기도**해야 한다. 기도 하되 ① **믿음으로 기도**하며 ② **합심하여 기도**해야 한다.

특별히 의인의 간구는 역사하는 힘이 크다는 그 약속의 말씀을 붙들고 이 땅의 주의 종들은 병든 자를 위해 담대히 **믿음의 기도**를 해야 한다. 여기에서 믿음의 기도란 「**믿음에 근거한 기도**」를 말한다. 하나님 앞에서 **자기의 의와 능력**을 의지함이 아니라 철저히 **예수님의 의와 그 능력**을 의자하며 붙들고 기도하되 자신을 온전히 비우고 간절히 드리는 기도가 믿음의 기도이기 때문이다.

동시에 믿는 모든 그리스도인들은 예외 없이 병든 자를 위해 기도할 책무와 자격이 있다. 그리스도의 몸 된 자로서 아픔에 함께 동참해야 할 책무가 있기 때문이요 또한 **예수님께 온전히 소속된 그리스도인**이라면 성령님이 그 안에 내주한 자로서 하나님이 사용하시기를 원하신다면 언제든지 능력의 통로가 될 수 있기 때문이다. 이런 까닭에 우리는 서로 합심하여 기도해야 한다. 이러한 믿음의 사람들의 합심 기도에 하나님은 응답하심으로 역사하시기를 기뻐하신다.

  그러므로 우리는 병든 자를 위하여 기도하되

 ① **믿음으로** 기도하며

 ② **합심하여** 기도하며

 ③ **(스스로를 돌이켜 보며) 회개함**으로 기도해야 한다. 믿음의 기도는 하나님이 귀 기울여 들으시고 능력으로 역사하실 거룩한 통로요 수단이니!

그러므로 너희가 그리스도와 함께 다시 살리심을 받았으면 위의 것을 찾으라. 거기는 그리스도께서 하나님 우편에 앉아 계시느니라. 위의 것을 생각하고 땅의 것을 생각하지 말라. 이는 너희가 죽었고 너희 생명이 그리스도와 함께 하나님 안에 감추어졌음이라.(골3:1~3)

땅의 것이 아닌 위의 것을 구하고 찾으며 살아야 할 그 이유!

우리는 예수 그리스도의 부활로 말미암아 **그리스도 안에서 다시 살리심을 받은 존귀한 존재**이다. 그러므로 우리의 삶의 목표도 거기에 합당하게 바뀌어야 한다. 이제까지 땅의 것만 바라보고 마치 **여름날 쇠똥구리 경단 굴리듯이** 무작정 열심히 살아왔다면 이제 그러한 **이 세상 중심적인 인생살이**에서 벗어나, 위의 것인 영원의 세계를 바라보고 열심을 내는 **하나님 중심적인 인생살이**로 바뀌어야 한다.

그래서 하나님은 히브리서를 통하여 우리가 추구해야 할 목표는 땅의 것이 아닌 위의 것이 되어야 함을 말씀하신 것이다. 그러면서 그렇게 살아야 할 확실한 그 이유를 다음 3가지로 분명히 말씀하신다.

① 우리는 **그리스도와 함께 죽었으며** 또한 그리스도와 함께 **다시 살리심을 받은 존재**라는 사실 때문이요.
② **우리의 생명이** 그리스도와 함께 **하나님 안에 감추어져 있는 존재**라는 사실 때문이며
③ 속죄의 어린양이 되신 **예수님**이 하나님의 우편에 앉아 계시어 **우리를 위하여 영원한 중보자가 되신다**는 사실 때문이다.

이와 같은 하나님의 은총 때문에 우리의 영원한 생명은 그리스도와 함께 하나님 안에 감춰져 있다가, 장차 예수님이 재림하실 그때 그리스도와 함께 영광에 쌓여 나타나는 것이다.(골3:4)

그러므로 하나님은 오늘 우리에게 이 복된 소망을 마음에 품고 오직 위의 것을 구하고 찾으며 살라고 말씀하신 것이다. 잠시 있다가 썩어 없어질 이 땅의 그 무엇에 몰두하여 생각을 빼앗기지 말고 위의 것을 찾으며 나그네 세월을 하늘 소망의 믿음으로 살라고 말씀하신 것이다.

내 영혼의 만나 84

인자와 진리가 네게서 떠나지 말게 하고 그것을 네 목에 매며 네 마음 판에 새기라.

그리하면 네가 하나님과 사람 앞에서 은총과 귀중히 여김을 받으리라. (잠3:3~4)

> **하나님의 속성인 인자(דֶסֶח헤세드)와 진리(אֱמֶת에메트)로 나를 무장하라!**
> **그리하면 하나님과 사람 앞에서 은총과 귀중히 여김을 받으리니!**

하나님은 잠언을 통하여 우리에게 말씀하시길 하나님의 속성인 ① **인자(דֶסֶח헤세드)와** ② **진리(אֱמֶת에메트)로** 무장하라고 하신다. 그 까닭은 우리를 **하나님과 사람 앞에서 은총과 귀중히 여김을 받는 길**로 인도하시기 위함이다.

여기에서 히브리어 **인자(דֶסֶח헤세드)와 진리(אֱמֶת에메트)는** 하나님의 대표적인 속성 중 하나로서 ① 헤세드(דֶסֶח)는 **인자, 자비,** (사랑, 성실, 변함없음) 등으로 번역되며 ② 에메트(אֱמֶת)는 **진리, 성실** 등으로 번역된다.

따라서 인자와 진리로 무장하라는 그 의미는 **인자, 자비, 진리, 성실로** 무장하라는 의미이자 지혜의 근원 되신 **하나님의 모든 말씀으로** 무장하라는 의미이다.

하나님은 이 **인자와 진리가** 우리에게서 떠나지 않도록 아예 **우리의 목에 매며 마음 판에 새기라고** 하신다. 즉 말씀의 온전한 체득과 내면화를 이루라는 의미이다. 이처럼 하나님의 속성인 인자와 진리로 자신을 무장하고 살아가면 그 열매는 하나님과 사람 앞에서 은총과 귀중히 여김을 받을 자가 될 것임을 약속하신다.

그러므로 우리는 존귀하게 되는 그 능력이 내 자신에게 있지 아니하고 오직 하나님과 그의 능력에 달려 있음을 깨닫고 **인자와 진리 그 자체**이시요 그 가시적 실체이신 **예수 그리스도와 그의 말씀**을 붙들고 사랑하며 그 교훈대로 살아야 한다.

노하기를 더디 하는 자는 용사보다 낫고 자기의 마음을 다스리는 자는 성을 빼앗는 자보다 나으니라.(잠16:32)

용사보다 더 위대한 자기 절제의 위대성!

우리가 인생을 사는 동안 범하는 수많은 허물은 자기의 마음을 잘 다스리지 못하고 분노함에서 시작된다고 해도 과언이 아니다. 그래서 하나님은 노하기를 더디 하며 자기의 마음을 다스릴 줄 아는 자의 위대성을 **용사**보다 낫고 **성을 빼앗는 자**보다 낫다고 말씀하신다.

하나님이 잠언을 통하여 이렇게 말씀하신 그 목적은 우리가 인생을 사는 동안 **자기 절제**가 그리 쉬운 일은 아니지만, 그럼에도 불구하고 어찌하든지 **자기의 마음을 잘 다스림**으로써 최후 승리자가 되기를 바라시어 하신 말씀이다.

용사는 싸움에 능한 자의 대명사요 성을 빼앗는 자는 전쟁에서 큰 승리를 쟁취한 주인공의 대명사이다. 그런데 하나님은 이들보다 자기의 마음을 잘 다스릴 줄 아는 자가 더 위대하다고 말씀하신다. 그 이유는 이러한 용사나 성을 빼앗는 승리자도 자기의 마음을 잘 다스리지 못하면 하나님 앞에 범죄자가 되고 끝내 그의 영혼은 파멸에 이르는 주인공이 될 수도 있기 때문이다. 하지만 자기의 마음을 잘 다스릴 줄 아는 자는 범죄 함으로부터 자기를 지켜낼 수 있으니 실로 **용사보다 더 위대한 자**이다.

「**아담과 하와**」는 자기의 마음을 잘 다스리지 못하여 **왜곡된 자기 의지**로 범죄하고(창3:6) 하나님이 금하신 **선악과 계명을 어김**으로써 낙원에서 추방되었던 것이다. 「**가인**」은 자기의 마음을 잘 다스리지 못하여 동생 아벨을 시기하고 질투하다가 끝내 **동생 아벨**을 죽이고 **최초의 살인자**가 되었던 것이다.(창4:5~8) 이들의 공통점은 자신을 절제하지 못하여 자기 자신과의 싸움에서 실패했기 때문이다.

　그러므로 우리는 내 자신을 잘 다스리기 위해서 **하나님이 기뻐하실 성품**으로 무장해야 한다. 특별히 **절제와 오래 참음**으로 잘 무장해야 한다. 왜냐하면 **분노**는 자기 자신을 무너뜨리는 「**사망의 길잡이**」이지만 **절제와 오래 참음**은 우리를 하나님 앞으로 인도하는 「**생명의 길잡이**」이기 때문이다. 이런 면에서 우리는 자신을 절제와 오래참음으로 무장하여 자기의 마음을 잘 다스리는 **믿음의 용사**가 되어야 한다. 바로 이러한 믿음의 사람은 실로 용사보다 낫고 성을 빼앗는 자보다 나은 자이니 그의 영혼의 결국은 복된 구원에 이를 것이기 때문이다.

사람의 마음에 있는 모략은 깊은 물 같으니라. 그럴지라도 명철한 사람은 그것을 길

어 내느니라.(잠20:5)

깊은 물과 같은 마음속의 모략(=지혜)!

우리의 마음속에 있는 **모략 곧 지혜**는 **깊은 물**과도 같아서 아무나 그것을 길어 올려 사용할 수 없다. 하지만 **명철한 사람**은 그것을 길어 올려 사용할 수 있다고 하나님은 말씀하신다. 왜냐하면 명철한 자에게는 하나님이 주신 **지혜라는 거룩한 도구**가 있기 때문이다.

여기에서 우리가 길어 올려야 할 마음속의 모략(עֵצָה에차)은 명철과 동의어로 사용되고 있는 **지혜**로 봐야 한다. 결국 **마음속의 지혜(=모략)는 오직 하나님이 주신 지혜(=명철)**로 길어 올릴 수 있다는 뜻이다. 즉 철은 철로 연마하듯이(잠27:17) 지혜는 지혜로 길어 올릴 수 있다는 것이다.

그러므로 우리는 하나님이 우리에게 허락하신 **마음속의 지혜**를 하나님이 주신 그 **지혜(=명철)**로 길어 올려 복되게 사용하는 자가 되어야 한다. 그리하여 하나님이 허락하신 은총을 누리며 살아야 한다. 그러기 위해서는 우리는 하나님의 지혜 되신 말씀을 늘 가까이하며 「지혜 중에 지혜 되신 예수님」을 마음속에 모시고 늘 그 음성에 귀 기울이며 살아야 한다

◎ **모략**(עֵצָה에차)과 **명철**(תְּבוּנָה테부나)

우리 말 성경에서 **모략과 명철**로 번역된 히브리어 「עֵצָה에차」와 「תְּבוּנָה테부나」는 다양한 뜻이 있지만 사실상 동의어요 **지혜**에 대한 다른 표현으로 봐도 큰 무

리가 없다.

특히 우리말 **모략**(עֵצָה에차)으로 번역하고 있는 히브리어 「עֵצָה에차」 는 어떻게 번역하느냐에 따라 그 내용은 많이 달라진다. 부정적인 뉘앙스가 조금 더 많이 담긴 우리말 「모략」 으로 접근하면 **지혜로운 사람은 상대방의 술수인 모략을 능히 간파할 수 있다**는 의미가 된다. 그러나 보다 긍정적 의미인 「지혜」 로 접근하면 **하나님이 주신 마음속의 지혜는 깊은 물과 같을지라도 하나님이 주신 그 지혜로 그것을 길어 올려 사용할 수 있다**는 의미가 된다.

주권자에게 은혜를 구하는 자가 많으나 사람의 일의 작정은 여호와께로 말미암느니

라.(잠29:26)

우리가 은혜를 구할 대상은 오직 여호와 하나님이시다!

사람들은 세상을 사는 동안 흔히 세력 있는 자에게 은혜를 구하며 산다고 해도 과언이 아니다. 그러나 하나님은 「우리가 은혜를 구할 대상」은 오직 여호와 하나님이시라고 말씀하신다. 왜냐하면 모든 일의 작정은 근본적으로 여호와 하나님께 달려있기 때문이다.

그러므로 이 세상의 불신앙들처럼 사람을 의지하고 사람에게 은혜를 구하는 인본주의자로 살 것이 아니라 오직 하나님만을 의지하고 하나님에게 은혜를 구하는 오직 하나님 중심적인 믿음으로 살아야 한다.

사람은 세력이 있어 봐야 유한자요 호흡이 있을 때뿐이니 오직 영원하신 하나님의 능력만을 의지하며 살아가야 한다. 하나님은 영존하신 창조주로서 모든 일의 작정과 생사화복(生死禍福)이 여호와 하나님께 달려 있기 때문이다.

태초에 말씀이 계시니라. 이 말씀이 하나님과 함께 계셨으니 이 말씀은 곧 하나님이시니라. 그가 태초에 하나님과 함께 계셨고 만물이 그로 말미암아 지은바 되었으니 지은 것이 하나도 그가 없이는 된 것이 없느니라. 그 안에 생명이 있었으니 이 생명은 사람들의 빛이라.(요1:1~4)

예수 그리스도가 누구신지에 대한 결정적이요 핵심적인 증거!

예수 그리스도가 누구신지에 대한 결정적인 내용의 이해는 매우 중요하다. 그것은 우리의 **믿음의 근간**이기 때문이다. 그런데 하나님은 예수 그리스도가 어떤 분이신지 결정적이요 핵심적인 내용을 사도 요한을 통하여 우리에게 명확히 깨우쳐 주신다.

예수 그리스도는
① 「**절대자**」이시요
② 만물을 지으신 「**창조주**」이시며
③ 성부 하나님과 함께하신 「**선재 하신 분**」이요
④ 「**말씀**(λόγος:로고스)」이시며
⑤ 능력과 영광이 동등한 「**성자 하나님**」이시요
⑥ 그 안에 생명이 있으니 「**영생하시는 자존자**」이시며
⑦ 「**사람들의 빛**」이 되신다고 말씀하신다.

① 예수 그리스도는 그 어떤 피조물도 아직 존재하기 이전 곧 시간조차 존재하기 이전인 태초부터 계신 분이시니 「**절대자**」이시요
② 만물을 지으신 분이시니 「**창조주**」이시며

③ 성부 하나님과 처음부터 함께 계셨으니 「**선재 하신 분**」 이시요

④ 하나님과 인간 사이의 중보자가 되시니 「**말씀(=로고스)**」 이 되시며

⑤ 삼위일체 하나님의 한 위격으로서 능력과 영광이 동등한 「**성자 하나님**」 이시며

⑥ 그 안에 생명이 있으니 「**영생하시는 자존자**」 이시요

⑦ 예수 그리스도는 그 안에 생명이 있으니 모든 어두움의 권세를 몰아내고 우리에게 영원한 생명의 빛을 주실 「**우리의 빛**」 이 되신 것이다.

이처럼 말씀(λόγος:로고스) 되신 예수 그리스도는 선재 하신 성자 하나님으로서 절대자요 창조주로서 하나님과 인간 사이의 온전한 중보자인 말씀(λόγος:로고스) 이 되신 것이다. 이와 같은 로고스 되신 성자 하나님이 육신을 입고 우리를 사망과 어두움의 권세로부터 구원하시고자 생명의 빛으로 이 땅에 찾아오신 것이다.

그러므로 우리는 이와 같은 예수 그리스도를 나의 구주로 온전히 영접하여 믿음으로써 영원한 생명에 이르러야 한다.

◎ λόγος(로고스) 이해!

참고로 λόγος(로고스)는 헬라어로서 그 어원은 「**말하다**」 에서 나왔다. 이 로고스(λόγος)의 사전적 의미는 **말, 진리, 이성** 등의 뜻을 가지고 있다. 하지만, 이 로고스는 기독교에서 그 의미가 지극히 거룩하게 승화되어 **하나님과 인간 사이의 매개자 역할을 하는 중보자 되신 예수 그리스도**를 의미하게 된 것이다. 이 외에도 성경에서 로고스는 예수님과 관련되어 사용되는데 특히 **말씀, 도, 십자가의 도** 등으로 사용된다.

영접하는 자 곧 그 이름을 믿는 자들에게는 하나님의 자녀가 되는 권세를 주셨으니 이는 혈통으로나 육정으로나 사람의 뜻으로 나지 아니하고 오직 하나님께로부터 난 자들이니라.(요1:12~13)

예수 그리스도를 영접하여 믿는 자의 권세!

우리가 **예수 그리스도를 영접하여 믿는 그 권세**는 실로 엄청난 권세이다. 왜냐하면 그 권세는 ① **하나님의 자녀가 되는 특권**을 누릴 수 있기 때문이요 그로 말미암아 ② **하나님의 나라를 이어받게 되는 특권**을 누릴 수 있기 때문이다.

하나님은 처음부터 예정하시기를 우리를 두 번 태어나게 하셨으니 이 세상에서 아담의 후손으로 태어나게 하시되 어머니의 태로부터 태어나게 하시고, 다시금 우리의 영혼을 재창조하시어 영원한 하늘의 도성에 이르게 하시고자 하나님으로부터 태어나게 하셨다. 이와 같은 다시 태어남을 위해서 성부 하나님은 성자 하나님이신 독생자 예수 그리스도를 **재창조의 주**로 이 땅에 보내주신 것이다. 그 은혜로 우리는 그의 흠 없는 의를 전가(轉嫁) 받아 다시 태어나게 된 것이다. 그래서 이것을 **하나님으로부터 난 자**라고 말씀하신다.

이렇게 하나님은 우리를 「**하나님의 은총 중에 은총이신 예수 그리스도**」를 통하여 다시 태어나게 하시되, 십자가의 대속(代贖)이라는 피 흘림을 통하여 영생에 이를 존재로 다시 태어나게 하셨으니 이것을 다른 표현으로 「**하나님의 재창조**」라고 부른다. 하나님이 이와 같은 구속사(救贖史)를 처음부터 계획하셨으니 그 본래적 목적은 하나님이 보내주신 독생자 예수 그리스도를 영접하여 믿기만 하면 그 누구든지 사망 권세를 벗어나 **영원한 하나님의 나라**를 상속받게 하고자 함인 것이다.

 그러므로 우리는 어찌하든지 성부 하나님이 우리를 위하여 이 세상에 보내주신 독생자 예수 그리스도를 영접하되 온전히 영접함으로써 하나님의 자녀로 반드시 다시 태어나야 한다. 그리하여 그 자녀 된 권세로 영원한 하나님의 나라를 상속받는 복을 누려야 한다.

볼지어다 내가 문 밖에 서서 두드리노니 누구든지 내 음성을 듣고 문을 열면 내가 그에게로 들어가 그로 더불어 먹고 그는 나와 더불어 먹으리라.(계3:20)

지금도 우리의 마음 문을 두드리시는 예수님!

우리 예수님은 사랑의 주! 위로의 주로서 **우리 심령 속에 기꺼이 내주**하시기를 기뻐하신다. 하지만 죄로 얼룩진 상태의 심령 속에 내주하시기는 유보하시니 그 이유는 그 속성이 「**지극히 거룩하신 성자 하나님**」이시기 때문이다.

그래서 우리 예수님은 회개가 요구된 영혼들에게는 오늘도 변함없이 그 **마음의 문 앞에 서서** 조용히 문을 두드리며 기다리심을 요한의 계시록을 통하여 말씀하신다. 이렇게 기다리심은 그의 영혼이 주님의 음성을 듣고 회개함으로 자신을 단장하고 마음의 문을 활짝 열면 그의 심령 속에 들어가서서 함께 「**동거동락**」하시기 위함이다. 우리와 함께하시되 아예 내주하심으로 함께하시고자 함 때문이다.

이와 같은 놀라운 은총을 성경은 「**임마누엘**(Ἐμμανουήλ) (=God is with us) 곧 **하나님이 함께하심**이라고 반복적으로 증거한다. 이것은 오순절 성령 강림으로 성취되었다. 예수님이 승천하신 직후 약속대로 오순절 날 성령이 임하시니 그 성령님과 더불어 **본래 영으로 계신 우리 예수님**도 임하시고 성부 하나님도 함께 임재하신 것이다. 이것은 예수님이 생전에 약속하신 약속 중에 약속이다.(요14:23) 그리하여 그 권세를 덧입어 사도들은 복음을 증거했던 것이다.

그러므로 우리는 내 영혼을 무시로 말씀의 거울에 비춰 봐야 한다. 그리하여 회개로 곱게 단장하고 마음의 문을 활짝 열어 예수님을 나의 인생의 주인으로 늘 모시고 살아가야 한다. 이렇게 사는 길만이 참 행복이요 진정한 그리스도인으로 사는 길이다. 왜냐하면 **그리스도인**이란 예수 그리스도께 소속된 영혼을 말하는데 예수님께 소속된 영혼은 더 이상 **나 홀로 살지 아니하고 예수님을 모시고** 예수님과 함께 동거 동락한 영혼으로 사는 것이기 때문이다. 믿는다고 하면서도 그의 심령에 예수님이 없이 나 홀로 산다면 그의 영혼은 빈집이되 **불 꺼진 빈집**과도 같다. 그러한 영혼은 이 땅의 어떤 교회의 소속이 될 수 있을지는 몰라도 우리 예수님께 소속된 그리스도인은 될 수 없는 것이다.

요한 계시록은 이와 같은 사실을 미리 언급하여 우리에게 자각을 주고자 초대 교회 당시 흠 많은 **라오디게아 교회**를 예로 들어 증거한다. 라오디게아 교회는 어떤 교회인가? 이 교회는 초대 일곱 교회 중 **타락한 유형의 교회**이다. 초대 일곱 교회는 **이 세상의 여러 가지 유형의 교회를 대표적으로 상징**하는데 라오디게아 교회는 그중에서 **타락한 교회의 대표 대명사**이다.

따라서 라오디게아 교회는 **예수님 보시기에 선에 미달된 교인**, 회개가 요구되는 모든 시대의 **타락한 교인들**을 의미한다고 말할 수 있다. 그런데 우리 예수님은 그 마음의 문을 굳게 닫은 라오디게아 교회를 포기하지 않으시고 문 밖에 서서 그 문을 두드리고 계신다고 말씀하신다.

그러므로 우리는 어찌하든지 무시로 내 영혼을 **회개로 곱게 단장**하여 심령 속에 예수님을 나의 주인으로 잘 모시고 **주님과 동거 동락한 영혼**으로 살아가야 한다. 완성된 구원에 이를 그날까지 주님과 동거 동락한 영혼으로 살아가야 한다.

이를 놀랍게 여기지 말라. 무덤 속에 있는 자가 다 그의 음성을 들을 때가 오나니 선한 일을 행한 자는 생명의 부활로 악한 일을 행한 자는 심판의 부활로 나오리라.(요 5:28~29)

생명의 부활이냐 심판의 부활이냐!

인류의 역사에 있어서 **가장 극적인 순간**이요 **희비가 엇갈릴 순간**은 예수님의 재림과 더불어 우리가 맞이하게 될 **부활의 아침이라는 순간**이다. 이 세상 사람들은 흔히 우리의 인생은 죽음으로 끝이라고 생각한다. 그러므로 당연히 자신의 허물에 대한 모든 책임도 육체적 죽음으로 모두 다 끝이 난다고 생각한다. 그러나 우리 예수님은 **우리의 책임이 이 세상에서 죽음으로 끝이 아니요** 예수님이 재림하실 그때 **자기가 심은 그대로 거두게 될 것**임을 분명히 말씀하신다.(갈6:7)

그러므로 우리는 이 땅에서 우리의 인생의 나날을 오직 믿음 안에서 선을 행하며 살아가야 한다. 예수님은 친히 말씀하시기를 예수님이 재림하실 그때 모든 사람들은 두 부류로 갈라져 부활하되 ① **생명의 부활과** ② **심판의 부활로** 갈라져 부활하게 될 것임을 분명히 말씀하시기 때문이다.

이렇게 **합격과 실격**이라는 두 부류로 갈라져 부활에 이름에는 명확한 기준이 있으니, 그것은 인생을 사는 동안 그 자신이 ① **선한 일**을 행했느냐 ② **악한 일**을 행했느냐가 바로 그 기준인 것이다.

여기서 선한 일이란 예수 그리스도를 믿는 **믿음 안에서 행한 모든 의로운 행위**들을 총칭한다. 예수 그리스도 안에서 그의 은총을 힘입어 의롭게 된 영혼들이

하나님의 영광을 위하여 행한 일체의 행위들은 하나님이 기꺼이 받으실 선행인 것이다.(마10:42)

그러므로 우리는 이 세상을 사는 동안 어찌하든지 선을 행하되 오직 믿음 안에서 선을 행해야 한다. 그리하여 최종적으로는 **영원한 생명**에 참여할 복된 부활의 주인공이 되어야 한다. 그러기 위해서 우리는 하나님의 은총 중에 은총이신 예수 그리스도만을 나의 구주로 영접하여 심령 속에 온전히 모시고 그의 의를 힘입어 **선을 행하기 힘쓰며, 하나님의 영광을 위하여** 살아가야 한다. 이렇게 사는 것이 우리가 이 땅에 존재한 목적이요 이렇게 믿음으로 살아간 영혼에 대해 우리 예수님은 친히 약속하시되, 재림하실 그날 **영생에 참여할 생명의 부활**을 약속하시기 때문이다.

주께서 호령과 천사장의 소리와 하나님의 나팔 소리로 친히 하늘로부터 강림하시리니 그리스도 안에서 죽은 자들이 먼저 일어나고 그 후에 우리 살아남은 자들도 그들과 함께 구름 속으로 끌어 올려 공중에서 주를 영접하게 하시리니 그리하여 우리가 항상 주와 함께 있으리라 (살전4:16~17)

예수님의 공중 재림과 부활한 성도들의 공중에서 예수님 영접!

우리가 바라는 최상의 소망은 사망 권세 벗어나 영생에 참여하게 될 우리의 부활이다. 우리의 부활은 예수님의 재림으로 이뤄지는데 예수님의 재림과 성도들의 부활은 거의 동시적으로 이뤄진다. 「성도들의 이 부활」을 불신자들의 부활과 구별하여 「제1차 부활」이라고 부른다.

이처럼 성도들의 부활이 먼저 제1차로 이뤄지게 되는 그 이유는 공중으로 들림 받아서 재림하실 **예수님을 공중에서 영접**하게 되어있기 때문이다. 예수님의 초림은 마치 암탉이 어린 병아리를 품듯이 모든 이를 품으시어 구원에 이르게 하시고자 베들레헴에 조용히 탄생하심으로 오셨지만, 이제 예수님의 재림은 **심판의 주로 오시기** 때문에 **예수님의 엄위한 호령 소리**와 함께 **천사장들을 거느리고** 오신다. 그리하여 **7년 공중 혼인 잔치**와 지상에서 **1,000년 왕국**과 **흰보좌 심판**을 거쳐 영원무궁 세계로 인도하시어 **자기 곁에 두시고** 영원히 함께하신 것이다. 사랑하시기 때문에 가까이에 두시고 영원히 함께하신 것이다.

그러므로 우리는 어찌하든지 제1차 부활에 참여할 복된 믿음의 사람으로 살아야 한다.

◎ 참고로 예수님의 재림과 하나님 구원의 역사 완성은 다음과 같이 진행된다.

① 예수님의 공중 재림! → ② 지상 재림! 그리고 이 땅에서의 천년 왕국! → ③ 사탄의 마지막 전쟁과 하나님의 흰보좌 심판! → ④성도들의 영원무궁 세계로 진입! 이와 같은 과정을 거쳐 하나님의 구원의 역사는 완성된다.(전 천년설 입장에서 본 관점임)

① 예수님의 공중 재림!

예수님이 공중 재림하시면 곧바로 이 땅에서는 **성도들의 부활**인 **제1차 부활**이 있게 되며 그 시점에서 **살아있는 성도들**은 휴거를 위하여 그 **몸의 변화**가 일어난다. 그 후 신령한 몸으로 변화된 이들을 천사들이 사방에서 모아 공중으로 끌어 올리면, 바로 이들이 공중에서 예수님을 맞이하는 **7년 혼인 잔치**가 있게 된 것이다. 이 7년 공중 혼인 잔치를 위하여 예수님에 의해 선택받은 구원받은 자들이 천사들의 도움을 받아서 공중으로 들림을 받게 하는데(마24:31) 이것을 흔히 **휴거**(携擧 Rapture)라고 부른다.

그러므로 예수님의 재림 시 공중으로 들림을 받기 전에 먼저 순식간에 일어나게 될 일이 있다. 그것은 바로 이미 죽어 그리스도 안에서 잠자던 **성도들이 제1차로 먼저 부활**하게 되는 것이다. 그와 동시에 예수님 재림 당시 이 땅을 살고 있던 구원에 이를 **성도들의 몸도 변화**하게 된다. 죽은 성도들의 부활과 구원에 이를 성도들의 몸의 변화, 이 두 가지는 거의 동시적으로 이뤄지며 단지 그 순서에 있어서 **죽은 성도들의 부활**이 먼저이다. 그리고 그 다음에 **살아있는 성도들의 몸**이 변화하게 된다.(고전15:52) 그 변화는 **하늘의 나팔 소리**와 함께 **아주 순식간에 변화**하게 된다.(고전15:51)

이렇게 해서 공중으로 들림 받은 성도들은 공중에 재림하신 예수님을 맞이하여 환영하는 잔치를 7년 동안 하게 되는데 이것을 「**7년 공중 혼인 잔치**」라고 부른다.

② 예수님의 지상 재림과 천년왕국!

예수님의 영광스러운 재림을 맞이하는 7년 공중 혼인 잔치가 끝나면 예수님은 이 성도들과 더불어 「**지상으로 재림**」하신다. 그리하여 천 년 동안 함께 통치하시니 이것을 「**천년왕국**」이라고 부른다.(계20:6) 이 천년은 일반적으로는 문자적 천년으로 보기보다 주로 상징적 의미의 천년으로 본다. 왜냐하면 계시록의 전체적인 흐름이 온통 상징적 언어들로 가득 차 있기 때문에 이 기간 역시 일반적으로는 상징적으로 이해한다.

③ 사탄의 마지막 전쟁과 하나님의 흰보좌 심판!

예수님이 성도들과 더불어 통치하시는 「**지상 천년왕국**」이 끝나면 사탄은 천 년 동안 갇혀 있던 그 무저갱에서 잠시 풀려나게 된다. 바로 그 상황을 절호의 기회로 여기고 이 기회를 붙든 사탄은 **곡과 마곡을 미혹**하여 **최후의 전쟁**을 일으키게 된다.(계20:8) 그러나 사탄이 이와 같이 최후의 발악을 할 수 있도록 **잠시 석방됨**이라는 **절호의 기회**를 얻은 것은 사실 하나님이 계획하신 크신 뜻이 담겨있기 때문에 가능한 것이다. 하나님이 사탄을 잠시 풀어주신 그 목적은 악의 총수인 「**사탄과 그의 모든 세력**」을 **완전히 심판**하시기 위함인 것이다.

이 전쟁은 천년왕국 직전에 있게 될 큰 전쟁인 **아마겟돈 전쟁**(계16:16)과 매우 유사하지만, 그 전쟁과는 구별되는 전쟁이요 이것이 사실 엄밀히 말하면 최후의 전쟁인 것이다. 왜냐하면 이제 더 이상은 전쟁이 없기 때문이다.

결국 **천년 왕국 전후**로 큰 전쟁이 두 번 있게 되는데 「**아마겟돈 전쟁**」과 일명 「**곡과 마곡의 전쟁**」이라는 최후의 전쟁이 바로 그것이다. 흔히 천년왕국 전에 있게 될 **아마겟돈 전쟁**을 최후의 전쟁이라고 말하기도 하지만 사실 이 전쟁은 최후의 전쟁은 아니다. 이 아마겟돈 전쟁을 최후의 전쟁으로 말하는 그 이유는 그 전쟁을 끝으로 인류의 종말을 의미하는 **예수님의 재림**이 있기 때문이다. 예수님의 재림에 방점을 찍으면 아마겟돈 전쟁이 최후의 전쟁이 된다. 하지만 이 땅에서의 인간 역사의 완전한 그 끝은 다름 아닌 **예수님의 지상 재림**과 **천년왕국**을 거쳐서 최종적으로는 **하나님의 흰보좌 심판**을 받음으로써 온전한 마침표를 찍게 되는 것이다. 그러므로 천년왕국 이후 사탄이 **곡과 마곡**을 미혹하여 **마지막으로 일으킬 그 전쟁**이 최후의 전쟁인 것이다.

천년왕국 전 **아마겟돈 전쟁**을 통하여 「마귀의 삼위일체」 중 두 위격이자 사탄의 결정적 부하였던 ① **짐승**(=세상 권력자)과 ② **다른 짐승들**(=거짓 선지자)은 이미 천년왕국 그 직전에 **산채로 유황불이 붙는 못**에 던져지게 된다. 동시에 그들의 군대도 함께 파멸하되 **그리스도의 입에서 나온 검**(=칼)으로 멸망하게 된다.(계19:20)

그 다음 순서로써 이제 멸망의 최종 주인공인 사탄이 천년왕국이 끝난 이후 무저갱에서 잠시 풀려나게 되자 그 기회를 놓치지 않고 이용하여 **곡과 마곡을 충동하여** 일으킨 이 **최후의 전쟁**에서 사탄의 마지막 군대는 **하늘의 불로 소멸**되고, 하나님과 인류의 최고의 대적 사탄(마귀)는 **불과 유황 못**에 던져지게 되는 것이다. 이렇게 해서 모든 악의 결정적인 주동자였던 **마귀의 삼위일체**인 ① 용(=사탄) ② 짐승(=세상 권력자) ③ 다른 짐승들(=거짓 선지자)은 완전히 제거되게 된다.

이와 같이 **모든 악의 괴수인 사탄**까지 불 못에 들어감으로써, **이 땅의 악의 수장들과 그의 군대들**은 모두 평정되었으니, 이제 하나님은 전 인류의 역사동안 하나님을 대적하는 사탄을 추종하며 불신앙으로 살면서 악을 일삼아 왔던 「**모든 불신앙인들이 행한 악을 일소(一掃)**」하기 위하여 모든 불신자들을 부활에 이르게 하신다.

이 부활을 제1차 부활인 성도들의 부활과 구별하여 불신자의 부활이요 **제2차 부활**이라고 부른다. 하나님이 이렇게 불신자들까지 부활시키신 그 목적은 하나님의 흰 보좌 앞에서 **최후의 심판**을 받게 하시기 위함인 것이다. 이와 같은 **불신자의 부활**은 결국 영원한 불 못에 던져짐으로써 끝이 나니 이것을 가리켜 **둘째 사망**이라고도 부른다.(계20:14,21:8) 그들은 이미 육체적 죽음을 맛본 자들인데 그 몸이 다시 부활하여 이제는 영원한 파멸인 「불 못」에 들어가게 되니 이것을 **둘째 사망**이라고 부른 것이다.

하나님이 이렇게 불신자들을 부활시키시어 심판하심은 자신들에게 모든 것들을 베푸신 창조주 하나님 앞에서 그 은혜에 감사하며 경외하기는커녕 오히려 하나님을 거역하여 모독하고 부인하며 그리하여 말과 행동으로 범죄하고, 마지막까지도 돌이켜 회개하지 않은 그들의 죄악에 대하여 **하나님의 공의를 온전히 실행**하시기 위함인 것이다.

④성도들의 영원무궁 세계로 진입!

불신자들을 심판함으로써 하나님의 흰 보좌 심판 절차가 모두 끝나면 이제 하나님은 모든 것의 완성 단계로써 구원받은 성도들이 영생을 누리게 하시고자 **신천신지인 영원한 세계**로 들어가게 하신다. 그곳은 부활하신 우리 예수님이 친히 믿는 자들을 위하여 예비해 두신 곳으로써(요14:2) 바로 그 영원한 하늘의 도성에 입성하여 성삼위 하나님과 더불어 **영생 복락**을 누리게 되니 하나님이 계획하신 구원의 역사는 이렇게 완성되는 것이다.

> 너희는 그 은혜에 의하여 믿음으로 말미암아 구원을 받았나니 이것은 너희에게서 난 것이 아니요 하나님의 선물이라. 행위에서 난 것이 아니니 이는 누구든지 자랑하지 못하게 함이라.(엡2:8~9)

구원은 오직 하나님의 은혜로 말미암아 우리에게 주어진 하나님의 선물!

구원은 **오직 하나님의 은혜요 하나님의 선물**이지만, 하나님의 은총 중에 은총이신 예수 그리스도를 믿음으로 말미암아 우리에게 주어진 **하나님의 선물**이다. 이렇게 하나님이 우리의 구원을 행위의 결과로써가 아니라 하나님이 베푸신 은혜에 우리가 믿음으로 화답할 때 구원에 이르게 하심은, 그 누구든지 **자기의 의**를 자랑하지 아니하고 오직 믿음 안에서 하나님의 은총만을 자랑하며 **우리의 자유의지를 선용**하도록 하기 위함인 것이다.

그래서 하나님은 우리의 구원에 대하여 말씀하시길, **구원은 하나님의 선물**이므로 **하나님의 은혜**로 말미암아 구원에 이르지만, 동시에 그 선물을 받을 수 있는 거룩한 화답인 **우리의 믿음**으로 말미암아 구원에 이르게 됨을 바울 서신을 통하여 이렇게 증거하신다.

따라서 우리의 구원은

① **하나님이 예비하신 은혜**와

② 여기에 화답하는 **우리의 믿음**이 절대적 요소이다.

여기에서 말하는 구원에 이를 우리의 믿음이란 **예수 그리스도 안에 온전히 거한 믿음**을 말한다. 단순 행위가 아닌, **행위의 믿음**까지를 분명히 포함한다. 결코 구원에 이를 그 믿음의 의미가 믿음 중에서 **행함의 믿음**을 배제함이 아니다. 믿음과는 전혀 상관이 없는 **단순한 행위 자체**만으로는 구원이 아니라는 **행위 구원론**을 배제하고 있을 뿐이다. 왜냐하면 성경 전체적인 맥락에서 살펴보면 믿음이란 그리 단순하지 아니하며 **고백의 믿음과 행함의 믿음**을 모두 다 포괄하여 담고 있기 때문이다.

이런 면에서 **구원에 이를 믿음**은 마치 하나님이 우리를 위해 예정하신 바에 따라 띄우신 **특별 항공기에 탑승**하는 믿음의 행위와도 같다. 하나님의 은총에 화답하여 거기에 탑승하는 것은 우리의 몫이다. 이미 그 표는 티켓 팅 되어 있고 그 값은 지불되어 있다. 승무원의 도움을 받아 탑승하는 것은 우리의 몫이다. 영원의 세계에서 하나님이 우리를 위해 단 한 번 띄우신 이 유일한 항공기에 우리는 나의 모든 것을 지불하고서라도(마13:44) 반드시 탑승해야 한다.

이 특별 항공기는 **영원의 세계에서 와서 영원의 세계에 이를 생명의 항공기**로서 기장이 항공기요 항공기가 기장이니 이 특별 항공기는 바로 **예수 그리스도**요 여기에 탑승은 **우리의 믿음**이라고 비유하여 말할 수 있다. 또한 이 비행기의 안전한 탑승을 도운 승무원은 예수님의 영이신 성령으로 비유하여 말할 수 있다.

그러므로 우리는 이와 같은 **구원을 선물**로 허락하신 하나님께 감사하며 그 하나님의 가시적 실체이자 하나님의 은총 중에 은총이신 **예수 그리스도만을 나의 구주로 고백하여 영접하며 그 안에 거한 믿음**으로 살아가야 한다. 날마다 나의 자유의지를 선용하되 지금도 성령님으로 더불어 내주하신 우리 예수님의 음성에 귀 기울이고 살아가야 한다.

피차 사랑의 빚 외에는 아무에게든지 아무 빚도 지지 말라. 남을 사랑하는 자는 율법을 다 이루었느니라. 간음하지 말라. 살인하지 말라. 도둑질하지 말라. 탐내지 말라 한 것과 그 외에 다른 계명이 있을지라도 네 이웃을 네 자신과 같이 사랑하라 하신 그 말씀 가운데 다 들었느니라. 사랑은 이웃에게 악을 행하지 아니하나니 그러므로 사랑은 율법의 완성이니라.(롬13:8~10)

모든 계명의 근간이요 율법의 완성인 사랑!

우리를 향한 하나님의 뜻이 담긴 율법의 Key-word는 **하나님을 경외하는 믿음** 가운데 「**사랑으로 선**」을 행하며 「**악을 결코 행하지 말라.**」는 것이다. 이런 면에서 우리가 인생을 사는 동안 하나님 앞에서 지켜야 할 수많은 계명들이 있지만 으뜸가는 계명은 단연코 **사랑의 계명**인 것이다.

이와 관련하여 우리 예수님은 어느 계명이 가장 크냐는 율법사의 질문에 **하나님을 사랑하라는 계명**이 으뜸가는 계명이요 **이웃을 사랑하라**는 계명이 두 번째의 계명이라고 말씀하신다.(마22:37~40) 이 두 계명을 하나로 요약하면 「**사랑의 계명**」이다.

이 사랑의 계명은 너무나 중요하기 때문에 하나님은 다시금 바울서신의 로마서를 통하여 강조하시며 **그 사랑의 실천의 당위성**을 명확히 말씀하신다. 사랑은 모든 **율법의 근간**이요 이 사랑의 실천은 **율법의 완성**이니 서로가 서로를 사랑함으로써 피차 사랑의 빚을 질 수 있을지언정 그 외에 일체의 다른 아무 빚도 지지 말라는 것이다.

이런 면에서 「모든 계명의 핵심」인 이 **사랑**은 하나님이 율법을 통하여 요구하신 모든 계명들을 충족시키기에 충분하니 **사랑은 율법의 완성**인 것이다. 또한 이 사랑은 본질적으로 하나님이 금지하신 **악과 결코 공존할 수 없으니**, 율법의 완성인 것이다. 하나님이 우리에게 요구하신 계명들에는 절대 준수와 절대 금지의 계명들로 구별되는데, 이 말씀에 순종하여 **하나님을 사랑하며 이웃을 자신처럼 사랑하며 살아가는 사람**이 어떻게 간음하고 살인하며 도둑질하고 탐냄으로써 악을 행할 수 있다는 말인가? 결코 그럴 수 없는 것이다.

그러므로 우리는 우리를 구원하시기 위해 이 땅에 찾아오시되 십자가까지 지심으로써 친히 사랑의 진수를 보여주신 예수님을 본받아 계명 중의 계명인 **사랑의 계명**을 실천하며 살아가야 한다. 사랑의 계명을 실천한 그 **착한 행실**로 하나님께 영광을 돌리며, 우리와 함께하심으로 동행하신 예수님을 기쁘시게 해드리는 이 시대의 그리스도인으로 살아가야 한다.

내 영혼의 만나 95

또한 너희가 이 시기를 알거니와 자다가 깰 때가 벌써 되었으니 이는 이제 우리의 구원이 처음 믿을 때보다 가까웠음이라. 밤이 깊고 낮이 가까웠으니 그러므로 우리가 어두움의 일을 벗고 빛의 갑옷을 입자. 낮에와 같이 단정히 행하고 방탕하거나 술 취하지 말며 음란하거나 호색하지 말며 다투거나 시기하지 말고 오직 주 예수 그리스도로 옷 입고 정욕을 위하여 육신의 일을 도모하지 말라. (롬13:11~14)

> **말세를 살아가는 오늘 우리가 입어야 할 빛의 갑옷!**

말세를 살아가는 오늘 우리가 단장해야 할 **최고의 단장**은 육체의 단장이 아니라 「**내 영혼의 단장**」이다. **예수 그리스도로 옷 입는** 내 영혼의 단장이다. 이것을 사도 바울은 「**빛의 갑옷을 입음**」이라고 증거한다.

이런 면에서 내 영혼의 단장에 대한 다양한 표현은
 ① **예수 그리스도로 옷 입음**이요
 ② **빛의 갑옷을 입음**이며
 ③ **예수 그리스도 안에 거함**이다. 이렇게 단장해야 할 그 구체적인 이유는 우리는 예수 그리스도로 옷 입지 아니하고서는 결코 영원한 하늘의 도성에 입성할 수 없기 때문이다.

그러므로 우리는 「**최고의 단장**」이자 「**구원의 예복**」인 예수 그리스도로 옷 입어야 한다. 우리는 흔히 옷에 대한 고정관념이 오직 내 육체가 입는 옷만을 생각하기 쉽다. 그러나 사실 **우리의 육체도 옷에 불과**하니 내 **영혼의 영원한 옷**이 아니라 **한시적 옷**인 셈이다.

이런 면에서 본다면 내 영혼이 입어야 할 가장 최상의 옷이요 가장 아름다운 옷은 우리가 예수 그리스도를 믿어 그 안에 거함으로 말미암아 입게 될 ① **예수 그리스도로 옷 입음**이요 ② **빛의 갑옷을 입음**이라고 정의할 수 있다. 우리는 그의 권세로 말미암아 장차 **부활체라는 신령한 몸**으로 **다시금 옷 입게 될 것**이기 때문이다. (고전15:44,49)

따라서 우리는 하나님이 사도바울을 통하여 말씀하신 바대로 예수 그리스도로 옷 입어야 한다. 그러기 위해서 먼저 「**벗어야 할 것**」이 있다. 그것은 다름 아닌 **어두움의 일들을 벗는 것**이다. 세속에 물든 **방탕과 술 취함과 음란과 호색과 다툼과 시기** 같은 어둠의 일들을 벗는 것이다. 이와 같은 어두움의 일들을 벗지 아니하고서는 우리는 그 상태로써는 결코 빛의 갑옷 되신 예수 그리스도로 옷 입을 수 없으며 그 결과 끝내 구원에 이를 수 없기 때문이다.

그러므로 말세를 살아가는 오늘 우리는 내 영혼을 곱게 단장하기 위하여 「**벗어야할 것**」과 「**입어야 할 것**」이 있음을 잊지 말아야 한다. 벗어야 할 것은 **어두움의 일을 벗는 것**이요 입어야 할 것은 **예수 그리스도로 옷 입는 것**이다. 특히 정욕을 위하여 육신의 일을 추구하던 옛사람인 **어두움의 일을 벗는 것**이요 내 영혼의 빛의 갑옷인 **예수 그리스도로 옷 입어** 새사람이 되는 것이다. (고후5:17) 이렇게 단장해야 할 그 이유는 지금도 우리의 구원은 날마다 가까워지고 있는데, 우리는 내 영혼을 단장하지 않고서는 **혼인 잔치**로 비유되는 **영원한 천성**에 결코 입성할 자격을 갖출 수 없기 때문이다.

여호와가 우리 하나님이신 줄 너희는 알지어다. 그는 우리를 지으신 이요 우리는 그의 것이니 그의 백성이요 그의 기르시는 양이로다.(시100:3)

감사함으로 그의 문에 들어가며 찬송함으로 그의 궁정에 들어가서 그에게 감사하며 그의 이름을 송축할지어다.(시100:4)

우리가 하나님께 감사하며 찬양해야 할 그 이유!

하나님은 시편 100편 말씀을 통하여 우리가 마땅히 알아야 할 **근본적인 지식과 본분**이 무엇인지 확실히 깨우쳐 주신다.

그것은 다름 아닌
① 여호와는 **우리 하나님**이시요 **우리를 지으신 분**이시며
② 그 앞에서 우리의 존재의 위치는 **그의 것**이요 **그의 백성**이며 **그의 기르시는 양**이니
③ 이러한 **우리의 본분**은 마땅히 **여호와 하나님께 감사**하며 **그의 이름을 찬송**하며 살아야 한다는 것이다.

하나님은 우리에게 자신을 무조건 찬양하라 말씀하지 아니하시고 찬양해야 할 그 이유를 구체적으로 말씀하신다.
먼저 **여호와는 우리 하나님**이시요 우리를 지으신 **창조주**이시니 마땅히 찬양해야 한다고 말씀하신다. 특별히 **여호와**라는 신명(神名) 속에는 하나님이 어떤 하나님이신지 그 속성이 잘 담겨 있다. 그것은 다름 아닌 **언약에 신실하신 여호와**(יהוה)라는 사실이다. 이와 같이 언약에 신실하신 여호와가 우리의 창조주요 하나

님이 되시니 마땅히 그 하나님을 찬양해야 함을 말씀하신다.

　또한 여호와 하나님 앞에서 **우리의 존재의 위치**는 단지 지음 받은 피조물이라는 존재의 위치를 뛰어넘어 ① **그의 것**이요 ② **그의 백성**이며 ③ **그의 기르시는 양**이라는 **특별한 존재의 위치에** 있다는 것이다. 그러하니 우리는 마땅히 여호와 하나님을 감사함으로 찬양해야 함을 말씀하신다.

　이렇게 우리의 존재의 위치를 구체적으로 ① **그의 것**이요 ② **그의 백성**이며 ③ **그의 기르시는 양**이라고 세 번씩이나 반복하고 있는 것은 우리 존재의 위치가 하나님이 친히 돌보시며, 책임져 주시는 **특별한 존재임**을 강조하기 위함이다.

　그러므로 우리는 이와 같이 언약에 **신실하신 여호와**(יהוה) **하나님**이 우리를 특별한 존재로 여기셔서 확실히 책임져 주신다는데 그 어찌 감사하며 찬양하지 않겠는가? 따라서 우리는 이와 같은 복된 사실을 가슴 깊이 새기고 하나님만을 영원토록 즐거워하고 감사하면서 무시로 찬양하며 살아가야한다.

이 백성은 내가 나를 위하여 지었나니 나를 찬송하게 하려 함이니라. (사43:21)

하나님이 우리를 지으신 목적!

하나님이 우리를 지으신 그 목적은 **자신을 찬양**하도록 하기 위함이라고 이사야 선지자를 통하여 분명히 말씀하신다. 그러므로 하나님의 백성인 우리는 이와 같은 **우리의 존재의 목적**에 합당하게 **하나님을 찬양**하며 살아가야 한다.

이사야 선지자가 「**이 백성**」이라고 증거하고 있는 직접적인 그 대상은 바벨론 포로로 끌려갔다가 다시 회복될 선민 「**이스라엘 백성들**」을 의미한다. 하지만 예언의 복합성(複合性) 관점에서 이 백성은 예수 그리스도 안에서 새롭게 「**재창조**」될 모든 시대 모든 「**그리스도인들**」을 말하고 있다.

하나님은 처음부터 자신이 예정하신 모든 택한 백성들을 구원에 이르게 하시고자 예수 그리스도 안에서 재창조하실 것을 계획하셨으니, 하나님이 처음에 모든 것을 창조하신 그 목적과 동일하게 재창조의 목적 역시 **하나님을 찬양**하도록 하기 위함인 것이다.

그러므로 오늘 우리는 이 시대의 하나님 백성답게 하나님을 찬양하며 살아가야 한다. 이것이 **구원받은 하나님의 백성의 증표**이자 그의 백성으로서 **마땅한 도리**이다. 그래서 일생을 오직 믿음으로 살았던 다윗 왕은 다음과 같이 고백함으로써 하나님을 찬양하고 있다. "내 영혼아! 여호와를 송축하라! 내 속에 있는 것들아! 다 그의 거룩한 이름을 송축하라." (시103:1)

내 영혼의 만나 98

그러므로 형제들아. 내가 하나님의 모든 자비하심으로 너희를 권하노니 너희 몸을 하나님이 기뻐하시는 거룩한 산제사로 드리라. 이는 너희의 드릴 영적 예배니라. 너희는 이 세대를 본받지 말고 오직 마음을 새롭게 함으로 변화를 받아 하나님의 선하시고 기뻐하시고 온전하신 뜻이 무엇인지 분별하도록 하라.(롬12:1~2)(개역)

예배 중의 예배요 진정한 예배인 산제사!

우리가 하나님 앞에 드려야 할 **예배 중의 예배**는 우리 몸을 하나님께 산제사로 드리는 **영적 예배**이다. 왜냐하면 우리 몸을 산제사로 하나님께 드리는 것은 우리를 사랑하신 하나님 앞에서 우리가 화답할 수 있는 **최고의 화답**이자 하나님이 가장 기뻐하신 **진정한 예배**이기 때문이다.

그러므로 우리는 몸과 마음을 곱게 단장함으로써 영적 예배를 하나님께 드려야 한다. 왜냐하면 제사를 드리는 **제물의 기본 원칙**은 **흠이 없고 정결한 것**으로 드려야 하기 때문이다.(레22:20)

그래서 사도 바울은 우리가 하나님 앞에 자신을 산제사로 드리기 위하여 **몸과 마음을** 어떻게 준비해야 할지를 다음 두 가지로 제시하고 있다.

그 핵심은 **변화와 분별**이다.
① 먼저 (하나님을 모르는) **이 세대를 본받지 말고**, 마음을 새롭게 함으로 **변화를** 받으며
② 나아가 **하나님의 뜻**이 무엇인지 **바르게 분별**하며 살라는 것이다.

특히 영적 예배인 산제사의 그 출발점은 하나님의 뜻이 무엇인지 **분별함에서**

시작되니 그리스도인이라면 마땅히 하나님께 **지혜를 구하여**

① 무엇이 하나님 앞에 **선한 일**이며

② 무엇이 하나님을 **기쁘시게 해드리는 일**이요

③ 무엇이 **하나님의 온전하신 뜻**인지를 분별하며 살라고 증거한다. 이렇게 오직 하나님의 영광을 위하여 사는 것 그 자체가 하나님 앞에 거룩한 산제사이기 때문이다.

그러므로 우리는 이와 같이 내 영혼을 곱게 단장하여 산제사를 드리는 성결한 삶으로 하나님을 기쁘시게 해드리는 믿음의 사람이 되어야 한다.

우리의 씨름은 혈과 육을 상대로 하는 것이 아니요 통치자들과 권세들과 이 어둠의 세상 주관자들과 하늘에 있는 악의 영들을 상대함이라. 그러므로 하나님의 전신 갑주를 취하라. 이는 악한 날에 너희가 능히 대적하고 모든 일을 행한 후에 서기 위함이라.(엡6:12~13)

우리의 싸움의 궁극적 대상은 어두움의 세력인 사탄이다.

우리의 싸움의 본질적 대상은 혈육을 가진 **인간**을 상대로 하는 것이 아니라 눈에 보이지 않는 실체인 **사탄의 세력**과 싸우는 것이다. 그리고 이 싸움의 궁극적인 목적은 **내 영혼의 구원**이다. 그래서 이 싸움은 우리가 반드시 승리하지 않으면 안 될 싸움이니 **영적인 전쟁**이라고도 부른다.

그러므로 이 사탄의 세력과 싸워 승리하기 위하여 **무장해야 할 것**이 있으니, 그것은 바로 **하나님의 전신 갑주**라고 사도 바울은 증거한다. 전신 갑주(全身甲胄)는 말 그대로 로마 병사를 비롯한 고대의 군인들이 전투를 위하여 무장했던 복장인 **갑옷과 투구**를 말하는 것인데 이렇게 **하나님의 전신 갑주**로 무장해야 할 그 까닭은 사탄의 세력과 싸움인 **영적 전투**에서 **자신을 보호**하기 위함이다.

이런 면에서 하나님의 전신 갑주란 빛의 갑옷인 **예수 그리스도로 옷 입는 것**이요 **그 안에 거함**인 것이다.

따라서 우리는 오직 **예수 그리스도로 옷 입고, 그 안에 거함**으로써 승리해야 한다. 우주 비행사는 반드시 우주복을 입어야 우주 방사선으로부터 피폭되는 것을 막아 보호받을 수 있듯이 능력에 있어서 우리보다 월등하고 교활한 사탄을 우리의 힘만으로는 결코 대적하여 이길 수 없기 때문이다. 나의 힘이 아니라 오직 **하나님의 능력을 힘입어 대적**해야 승리할 수 있기 때문이다. 실로 우리의 인생은 총성 없는 전투의 현장이니 우리는 오직 빛의 갑옷 되신 **예수 그리스도로 옷 입고** 매일 매일 승리해야 한다.

만군의 여호와가 이르노라 너희의 온전한 십일조를 창고에 들여 나의 집에 양식이 있게 하고 그것으로 나를 시험하여 내가 하늘 문을 열고 너희에게 복을 쌓을 곳이 없도록 붓지 아니하나 보라 (말3:10)

하나님의 것을 하나님의 것으로 구별하여 드린 십일조 예물 준수와 이를 온전히 준수한 자를 위한 하나님의 약속!

십일조 예물은 단순한 예물이 아니다. **복합적 의미**가 담긴 **매우 중요한 예물**이다. 십일조 예물은 기본적으로 **하나님의 것**을 **하나님의 것**으로 구별하여 드리는 **고백의 믿음의 예물**이요, **행위가 구체적으로 수반된 행위의 믿음의 예물**이다.

그러므로 십일조 예물을 정성껏 드림이 없이 믿는 그 믿음은 더 많은 성장이 요구된 믿음이라고 말할 수 있다. 그 사실은 **이스라엘의 역사가 잘 증명**해 준다. 이스라엘 백성들은 스스로는 **하나님의 선민**이라고 자부하면서도 하나님의 것을 하나님의 것으로 구별하여 드림에 있어서는 그 자부심을 전혀 따라가지 못했다. 특히 신구약 중간기 시대에는 **영적 암흑기**로써 그들은 십일조 예물이 **하나님의 것**이라는 그 사실조차 잊은 채 「하나님의 것을 도적질」하며 「영적 무감각증」에 빠져 살았다.

이러한 이스라엘 백성들을 향해 하나님은 말라기 선지자를 통하여 **책망함으로써 깨우치며 돌아오라고** 말씀하신다. (말3:7) 그러면서 그 구체적인 내용으로 「온전한 십일조의 예물」을 드릴 것을 명령하신다. 덧붙여서 여기에 대한 약속으로 그와 같은 십일조 예물을 성심껏 드린 손길 위에 하나님은 **넘치는 복**으로 부어주실 것을 약속하신다. 하나님은 자신이 약속하신 그 말씀이 사실인지 여부를 검

증해 봐도 좋다는 그 의미로 온전한 십일조 예물 드리기를 통하여 **나를 시험하여 보라**고까지 말씀하신 것이다. 이것은 지극히 강조함의 표현이다.

이런 면에서 이 시대에도 동일하게 한 사람이 확실한 믿음의 단계에 이르렀는지 스스로를 가늠해 보는 가장 좋은 척도는 자신이 입술로 사용하는 이런저런 **미사여구**(美辭麗句)가 아니다. 하나님의 것을 하나님의 것으로 구별하여 온전한 십일조 예물을 하나님 앞에 **고백의 믿음**이자 **행함의 믿음**으로 정성껏 드리고 있는지 그 여부로 가늠할 수 있는 것이다.

그러므로 우리는 믿음 생활을 기본부터 충실하게 제대로 하려면 하나님으로부터 받은 것을 하나님께 구별하여 드리는 믿음의 행위인 「**온전한 십일조 예물 드리기**」 라는 기초부터 확실히 잘 닦아야 한다.

◎ 십일조 예물의 진정한 의미 이해!

십일조 예물은 표면적으로는 소득의 열의 하나를 하나님께 드리는 예물로써 여러 예물의 종류의 하나이지만, 이 십일조 예물은 **예물 중에 으뜸가는 예물**이다. 왜냐하면 하나님은 이 십일조 예물이라는 제도를 통하여 ① **하나님의 구속사를 깨우쳐** 주시며 나아가 ② **영원한 구원의 주인공**이 되게 인도하시기 때문이다. 하나님은 우리가 구원의 주인공이 될 수 있도록 여러 가지 방법으로 교육하되 가장 구체적이요 가장 확실하게 우리를 깨우치시며 훈련시키는 방법의 하나는 십일조 예물을 드리게 하시는 교육을 통하여 **믿음의 사람**으로 훈련을 시키신 것이다.

영원의 세계에 입성할 하나님의 백성은 그냥 한 순간에 준비되는 것이 아니다. 철저한 훈련과 오랜 준비 과정을 통하여 이루어진다. 이런 면에서 십일조 예물 드리기는 하나님이 계획하신 실로 **기묘한 제도**이자 **하나님의 복합적인 교육목적**이 담겨 있다고 볼 수 있다.

십일조 예물 드리기를 통하여 하나님이 교육시키고자 하신 3가지 핵심으로는 ① **인정 교육**, ② **순종 교육**, ③ **나눔 교육**이라고 말할 수 있다.

① **인정 교육!**

우리에게 주어진 모든 것들이 **하나님께로부터 왔음을 시인**하고 인정하는 것은 실로 **가장 아름다운 믿음의 고백**인 것이다. 그런데 하나님은 이 십일조 예물 드리기 훈련을 통하여 우리를 범사에 **하나님을 인정하는 믿음의 사람**으로 만들어 가신다. 이런 면에서 하나님이 세우신 십일조 예물의 규례는 모든 것들이 하나님으로부터 왔음을 구체적으로 인정하게 하신 하나님의 **인정 교육**이라고 말할 수 있다.

② **순종 교육!**

하나님이 기뻐하실 믿음은 우리가 하나님의 말씀대로 준행하는 **순종의 믿음**인 것이다. 그런데 하나님은 이 십일조 예물 드리기 훈련을 통하여 하나님의 명령에 구체적으로 **순종하는 믿음의 사람**으로 만들어 가신다. 이런 면에서 하나님이 세우신 십일조 예물의 규례는 우리를 향한 하나님의 **순종교육**이라고 말할 수 있다.

③ **나눔 교육!**

우리는 본질적으로 이기적인 존재로서 자신에게 들어온 그 무엇을 결코 **나눌 수 없는 존재**이다. 그런데 하나님은 십일조 예물 드리기 훈련을 통하여 자신의 수중에 들어온 것을 **나눌 수 있는 존재**로 만들어 가신다. 이런 면에서 하나님이 세우신 십일조 예물의 규례는 우리를 향한 하나님의 **나눔 교육**이라고 말할 수 있다.

그러므로 우리는 이와 같은 하나님의 뜻에 순종하여 십일조의 예물을 잘 드릴 수 있는 믿음의 사람이 되어야 한다.

일명 줄임말로 **인순나 예물**이라고도 말할 수 있는 이 **십일조 예물** 드리기 교육

을 통하여 우리는 하나님의 구속사에 합당한 주인공으로 훈련되어 가되

① 범사에 **하나님을 인정**하는 믿음의 사람

② 하나님 앞에 **늘 순종**하는 믿음의 사람

③ 자신의 수중에 들어온 것을 **나눌 수 있는** 믿음의 사람으로 훈련되어 가는 것이다.

◎ 이처럼 십일조 예물은 그 속에 매우 중요한 의미가 담겨 있으니 그 근본 배경을 좀 더 명확히 이해하고 믿음 생활을 할 필요가 있다. 십일조 예물의 제도는 근본적으로 **인간이 세운 제도**가 아니라 처음부터 하나님이 계획하시고 **하나님이 세우신 복된 제도**이기 때문이다.

◎ 십일조 예물의 근원적 배경에는 크게 두 가지가 있다.

① (BC 2080년경) 포로가 된 **롯의 구출**과 관련된 **아브라함의 십일조 예물!**(창14:12)

② 그 후 약 640여 년이 흐른 후 (BC 1440경) 출애굽 당시 **이스라엘 백성들의 구속(救贖)**과 관련된 십일조 예물이 바로 그것이다. 이 두 가지 내용의 공통점은 죽음에서 벗어나 생명에 이르기까지 **하나님의 구속(救贖)의 은총**과 관련이 있다. 따라서 오늘 우리가 드리는 십일조의 예물 역시 동일하게 하나님의 구속의 은총과 관련이 있는 예물인 것이다.

그러므로 십일조 예물을 제대로 이해하려면 단순히 구약의 말라기의 내용 정도를 통해서 이해하는 단편적이요 지엽적인 이해 수준을 넘어 다음 4가지를 동시적이요 종합적으로 이해해야 한다.

◎아브라함의 십일조 예물(창14:20)!

◎이스라엘 백성들의 십일조 예물!

◎말라기 선지자 시대의 십일조 예물에 대한 현주소(말3:7~8)!

◎예수님이 말씀하신 십일조 예물의 정신(마23:23)이 바로 그것이다.

이 모든 것들을 통시적이요 하나로 이해했을 때 비로소 십일조 예물의 진정한 그 의미를 제대로 이해하여, 즐거운 마음으로 하나님 앞에 기꺼이 예물을 드릴 수 있는 믿음의 사람이 될 수 때문이다. 그리고 그로 말미암아 하나님이 부어주실 복도 확실히 누릴 주인공이 될 수 있기 때문이다.

① 아브라함이 살렘 왕에게 드린 십일조 예물의 배경!
아브라함이 그의 나이 85세경 가나안 땅 중부인 헤브론에 살고 있을 때 소돔 성에 살던 조카 롯이 그 당시 가나안 땅에서 벌어진 남북전쟁으로 말미암아 롯과 그의 가족은 포로가 되었는데 이 소식을 전해 들은 아브라함은 북쪽 끝인 단까지 쫓아가서 조카 롯과 그의 가족을 구출해 돌아왔다.(창14:16)

아브라함은 조카 롯을 구출하게 된 그 은혜를 하나님께 감사하며 자신을 맞이하러 나온 제사장이자 살렘 왕이었던 멜기세덱에게 십일조의 예물을 드리게 된다.(창14:12) 이것은 비록 아브라함 자신이 롯의 가정을 구출했지만, **하나님의 도우심과 그 은혜**로 말미암아 구출한 것이니 그 은혜에 감사하여 **하나님의 제사장**에게 예물을 드린 것이다. 동시에 아브라함이 드린 그 **예물의 출처** 역시 엄밀한 의미에서 본다면 본래 자기 것이 아니었다. 비록 자신이 목숨을 건 수고를 하였다 할지라도 그가 얻은 것은 조카 롯을 구출하는 과정에서 전승(戰勝)을 거두어 얻은 노획물이었기 때문이다. 그의 전승은 사실 **하나님의 은혜로 말미암아 얻은 결과물**이었던 것이다.(창14:12) 그러므로 사실 아브라함이 드린 십일조 예물은 **하나님이 주신 것을 다시금 하나님께 드리는 믿음의 고백**이요 그와 같은 **고백의 외적 사인**(Sign)이었던 것이다.

② 이스라엘 백성들이 드린 십일조의 예물의 배경!
출애굽 후 이스라엘 백성들이 드린 십일조의 예물의 배경은 더욱더 분명히 **하나님의 구속사**와 직결된다. 하나님은 애굽의 장자를 죽음에 이르게 치시되(출

12:29) **이스라엘의 장자**만큼은 특별히 구별하여 살려주셨다. 하나님은 이들을 예수님의 예표인 유월절 어린양의 피의 권세로 말미암아 **온전한 보호**를 받아 살아남게 하셨는데(출11:7) 그 대신에 살아남은 이 이스라엘의 장자들을 **자신의 몫으로 구별**하셨다.(민3:13)

하나님이 이처럼 이들을 하나님 자신의 몫으로 거룩하게 구별하심은 죽음의 사자가 애굽의 장자를 쳐서 죽음에 이르게 할 때에 이스라엘 백성들의 장자들은 **하나님이 베푸신 은총**으로 말미암아 **살아남게 된 자들**이었기 때문이다. 이런 면에서 이들은 **하나님께 빚진 자들**이요 마땅히 하나님을 성심껏 섬겨야 할 특별한 위치에 있는 자들이었다.

이와 같은 연속선상에서 하나님은 자기 백성 이스라엘이 자신을 효과적으로 열심히 섬길 수 있도록 하기 위하여 **한 지파를 특별히 구별**하시고 그 임무를 맡기셨으니 그 지파가 바로 **레위지파**이다. 이렇게 해서 레위 지파는 이스라엘 전체 **12지파의 장자를 대신하여 하나님을 섬기게 된 것**이다.(민3:12~13) 동시에 이러한 **레위인들을 책임져 주시는 방법**으로써 하나님은 십일조 예물 제도가 시행되게 명문화 하셨으니(민18:21), 이것이 바로 **구속사 차원의 십일조 개념**이다.

그러므로 십일조 예물은 단순한 물질적 개념을 뛰어넘어 **하나님의 은총인 구속사와 직결**되는 것이다. 이와 같은 구속사(救贖史)의 일환에서 **십일조 예물의 근원적인 원리**는 시작된 것이다.

이 레위 지파는 하나님만을 섬기는 일에 전념하도록 하시고자 다른 것에 시간을 빼앗기지 않도록 기업을 주시지 아니하셨다.

대신에 성전에서 봉사하는 일로 하나님을 섬기면 그 생활의 보장을 받게 하셨으니 그 구체적인 방법은 이스라엘의 그 나머지 지파들이 **십일조의 예물**을 드리면 그것으로 레위인들은 하나님을 섬기는 수고의 대가를 지불받게 하신 것이다.(민18:21) 이 부분을 다른 표현으로 모세는 신명기에서 "여호와가 그의 기업이 시니라."라고 증거하고 있다. (신10:9)

이와 같은 십일조 예물 제도를 통하여 레위지파는 성전에서 하나님을 섬기는 일을 전담하고 나머지 지파들은 자기들이 하나님 앞에서 수고해야 할 부분을 십일조의 예물을 드림으로써 대체되게 하셨다. 이런 면에서 **십일조 예물 제도**는 하나님의 백성이라면 누구나가 **하나님의 일하기**에 직간접적으로 참여할 수 있게 하나님이 그 길을 열어 놓으신 **거룩한 제도**인 것이다.

③ 말라기 선지자 시대의 십일조 예물에 대한 현주소!
십일조 예물 제도는 말라기 선지자 시대에는 **극도로 타락하여 유명무실**해지게 되었다. 그래서 하나님은 이것을 깨우쳐 주시며 바로 잡고자 말라기 선지자를 통하여 이스라엘 백성들에게 마땅히 **하나님의 몫**으로 구별하여 하나님께 드려야 할 십일조 예물에 대해 「**도둑질함을 그만두고 돌아오라.**」고 말씀하신 것이다. 하나님은 말라기 선지자를 통하여 십일조 예물에 대한 본질적인 그 의미를 깨닫고 회복에 이르도록 선포하신 것이다. (말3:7~8)

④예수님이 말씀하신 십일조 예물의 정신!
구약성경의 모든 내용이 예표하고 있는 절대적 주인공이요 구속사의 주체로 오신 우리 예수님은 십일조 예물 제도를 폐지하지 않으시고 오히려 그 본질적인 의미까지 명확히 깨우쳐 주시며 십일조 예물을 정성껏 드려야 함을 분명히 말씀하신다.

이런 맥락에서 예수님은 **"이것도 행하고 저것도 버리지 말라"**고 말씀하신 것이다. 그 당시 서기관과 바리새인들은 보여주기식으로 십일조 예물을 드리되 사소한 것의 십일조인 **박하와 회향과 근채의 십일조**는 잘 드렸지만 본질적으로 더 중요한 것이자 하나님이 율법을 통하여 말씀하신 근본정신인 「의와 인과 신」의 실천은 소홀히 했기 때문이다. 그러나 예수님은 하나님의 것을 하나님의 것으로 구별하는 드리는 십일조 예물을 정성껏 드림으로써 그 **규례를 잘 지켜야** 할 뿐 아니라, 하나님이 율법을 통하여 중요하게 말씀하신 그 근본정신인 **의와 인과 신도 잘 지켜야** 함을 **"이것도 행하고 저것도 버리지 말라."**고 말씀하신 것이다.(마23:23)

※십일조 예물의 본질적인 의미!

이런 면에서 십일조 예물의 본질적인 의미는 단순히 물질적인 부분만이 결코 아니다. 「하나님의 구속사와 관련」된 거룩한 예물인 것이다. 포로 된 「롯의 구출」과 관련된 **아브라함의 십일조 예물**이 그러하며(창14:12) 애굽에서 빠져나오게 된 사건이 그 배경이 된 **이스라엘 백성들의 십일조 예물**이 바로 그러하다. 나아가 모든 시대의 하나님 백성이 드린 십일조 예물 역시 하나님의 영원한 **구원의 은총**에 참여하게 하심에 그 근본적인 목적이 있는 것이다.

이처럼 십일조 예물은 우리의 영원한 생명과 관련되며 「하나님의 구속사」와 분리할 수 없다. 따라서 십일조 예물은 단순히 열에 하나를 드리는 예물이 아니다. **하나님의 구속사**와 관련되며 우리를 영원으로 인도하시고자 **하나님의 백성답게 훈련시키는 아주 특별한 예물**인 것이다. 우리의 믿음은 「고백의 믿음」에서 싹을 틔워 「행함의 믿음」으로 성장을 지속해 가야 하기 때문이다.

◎ 결국 십일조의 예물은 크게 보면 두 가지 기능이 담겨 있다. 이 땅에서 「하나님의 구속사」가 지속되도록 하나님의 백성을 배출해 나갈 산모 역할을 하는 ① **교회가 지속적으로 유지**되게 하는 거룩한 기능이 있으며, 동시에 성도 개개인에게는 ② **영원한 하늘의 도성에 참여할 하나님의 백성으로 준비**되게 하는 거룩한 교육의 기능이 있는 것이다.

제1권 (신구약 100선) 본문 (총 216절)

1

하나님은 우리의 피난처시요 힘이시니 환난 중에 만날 큰 도움이시라. 그러므로 땅이 변하든지 산이 흔들려 바다 가운데 빠지든지 바닷물이 흉용하고 뛰놀든지 그것이 넘침으로 산이 요동할지라도 우리는 두려워 아니하리로다.(시46:1~3)(개역)

2

내 영혼아! 네가 어찌하여 낙망하며 어찌하여 내 속에서 불안하여 하는고 너는 하나님을 바라라. 나는 내 얼굴을 도우시는 내 하나님을 오히려 찬송하리로다.(시42:11)(개역)

3

너희는 마음에 근심하지 말라. 하나님을 믿으니 또 나를 믿으라. 내 아버지 집에 거할 곳이 많도다. 그렇지 않으면 너희에게 일렀으리라. 내가 너희를 위하여 처소를 예비하러 가노니 가서 너희를 위하여 처소를 예비하면 내가 다시 와서 너희를 내게로 영접하여 나 있는 곳에 너희도 있게 하리라.(요14:1~3)(개역)

4

그 성호를 자랑하라. 무릇 여호와를 구하는 자는 마음이 즐거울지로다. 여호와와 그 능력을 구할지어다. 그 얼굴을 항상 구할지어다.(대상16:10~11)(시105:4)(개역)

5

귀인들을 의지하지 말며 도울 힘이 없는 인생도 의지하지 말지니 그의 호흡이 끊어지면 흙으로 돌아가서 그 날에 그의 생각이 소멸하리로다. 야곱의 하나님을 자기의 도움으로 삼으며 여호와 자기 하나님에게 자기의 소망을 두는 자는 복이 있도다. (시146:3~5)

6

아무것도 염려하지 말고 오직 모든 일에 기도와 간구로 너희 구할 것을 감사함으로 하나님께 아뢰라. 그리하면 모든 지각에 뛰어난 하나님의 평강이 그리스도 예수 안에서 너희 마음과 생각을 지키시리라.(빌4:6~7)(개역)

7

두려워 말라. 내가 너와 함께 함이라. 놀라지 말라. 나는 네 하나님이 됨이라. 내가 너를 굳세게 하리라. 참으로 너를 도와주리라. 참으로 나의 의로운 오른 손으로 너를 붙들리라. (사41:10)

8

여인이 어찌 그 젖 먹는 자식을 잊겠으며 자기 태에서 난 아들을 긍휼히 여기지 않겠느냐 그들은 혹시 잊을지라도 나는 너를 잊지 아니할 것이라. (사49:15)

9

항상 기뻐하라. 쉬지 말고 기도하라. 범사에 감사하라. 이것이 그리스도 예수 안에서 너희를 향하신 하나님의 뜻이니라. (살전5:16~18)

10

복 있는 사람은 악인들의 꾀를 따르지 아니하며 죄인의 길에 서지 아니하며 오만한 자들의 자리에 앉지 아니하고 오직 여호와의 율법을 즐거워하여 그의 율법을 주야로 묵상하는도다. 그는 시냇가에 심은 나무가 철따라 열매를 맺으며 그 잎사귀가 마르지 아니함 같으니 그가 하는 모든 일이 다 형통하리로다. (시1:1~3)
악인들은 그렇지 않음이여! 오직 바람에 나는 겨와 같도다. 그러므로 악인들은 심판을 견디지 못하며 죄인들이 의인들의 모임에 들지 못하리로다. 무릇 의인들의 길은 여호와께서 인정하시나 악인들의 길은 망하리로다. (시1:4~6)

11

주의 말씀의 맛이 내게 어찌 그리 단지요 내 입에 꿀보다 더 다니이다. (시 119:103)

12

내 아들아 꿀을 먹으라. 이것이 좋으니라. 송이 꿀을 먹으라. 이것이 네 입에 다니라. 지혜가 네 영혼에게 이와 같은 줄을 알라. 이것을 얻으면 정녕히 네 장래가 있겠고 네 소망이 끊어지지 아니하리라. (잠24:13~14)

13

우리의 연수가 칠십이요 강건하면 팔십이라도 그 연수의 자랑은 수고와 슬픔뿐이요 신속히 가니 우리가 날아가나이다.(시90:10)

우리에게 우리 날 계수함을 가르치사 지혜로운 마음을 얻게 하소서!(시90:12)

14

여호와여! 나의 종말과 연한이 언제까지인지 알게 하사 내가 나의 연약함을 알게 하소서! 주께서 나의 날을 한 뼘 길이만큼 되게 하시매 나의 일생이 주 앞에는 없는 것 같사오니 사람은 그가 든든히 서 있는 때에도 진실로 모두가 허사뿐이니이다.(시39:4~5)

15

진실로 각 사람은 그림자 같이 다니고 헛된 일로 소란하며 재물을 쌓으나 누가 거둘는지 알지 못하나이다. 주여 이제 내가 무엇을 바라리요! 나의 소망은 주께 있나이다.(시39:6~7)

16

내가 이제 세상 모든 사람이 가는 길로 가게 되었노니 너는 힘써 대장부가 되고 네 하나님 여호와의 명령을 지켜 그 길로 행하여 그 법률과 계명과 율례와 증거를 모세의 율법에 기록된 대로 지키라. 그리하면 네가 무엇을 하든지 어디로 가든지 형통할지라.(왕상2:2~3)

17

인생은 그 날이 풀과 같으며 그 영화가 들의 꽃과 같도다. 그것은 바람이 지나가면 없어지나니 그 있던 자리도 다시 알지 못하거니와 여호와의 인자하심은 자기를 경외하는 자에게 영원부터 영원까지 이르며 그의 의는 자손의 자손에게 이르리니 곧 그의 언약을 지키고 그의 법도를 기억하여 행하는 자에게로다.(시103:15~18)

18

네 헛된 평생의 모든 날 곧 하나님이 해 아래서 네게 주신 모든 헛된 날에 사랑

하는 아내와 함께 즐겁게 살지어다. 이것이 네가 평생에 해 아래서 수고하고 얻은 네 몫이니라. (전9:9)

19

주께서 옛적에 땅의 기초를 놓으셨사오며 하늘도 주의 손으로 지으신 바니이다. 천지는 없어지려니와 주는 영존하시겠고 그것들은 다 옷같이 낡으리니 의복같이 바꾸시면 바뀌려니와 주는 한결같으시고 주의 연대는 무궁하리이다. (시102:25~27)

20

우리가 주목하는 것은 보이는 것이 아니요 보이지 않는 것이니 보이는 것은 잠간이요 보이지 않는 것은 영원함이니라. (고후4:18)

21

우리가 소망으로 구원을 얻었으매 보이는 소망이 소망이 아니니 보는 것을 누가 바라리요. 만일 우리가 보지 못하는 것을 바라면 참음으로 기다릴지니라. (롬8:24~25)

22

믿음은 바라는 것들의 실상이요 보이지 않는 것들의 증거니 선진들이 이로써 증거를 얻었느니라. (히11:1~2)

23

주여! 주는 대대에 우리의 거처가 되셨나이다. 산이 생기기 전 땅과 세계도 주께서 조성하시기 전 곧 영원부터 영원까지 주는 하나님이시니이다. (시90:1~2)

24

너의 길을 여호와께 맡기라. 그를 의지하면 그가 이루시고 네 의를 빛같이 나타내시며 네 공의를 정오의 빛같이 하시리로다. (시37:5~6)

25

너희가 내 안에 거하고 내 말이 너희 안에 거하면 무엇이든지 원하는 대로 구하라. 그리하면 이루리라. (요15:7)

26

구하라 그러면 너희에게 주실 것이요! 찾으라 그러면 찾을 것이요! 문을 두드리라 그러면 너희에게 열릴 것이니 구하는 이마다 얻을 것이요! 찾는 이가 찾을 것이요! 두드리는 이에게 열릴 것이니라. (마7:7~8)(개역)

27

너희가 내게 부르짖으며 내게 와서 기도하면 내가 너희들의 기도를 들을 것이요 너희가 전심으로 나를 찾고 찾으면 나를 만나리라. (렘29:12~13)

28

내가 진실로 너희에게 이르노니 누구든지 이 산더러 들리어 바다에 던져지라 하며 그 말하는 것이 이룰 줄 믿고 마음에 의심하지 아니하면 그대로 되리라. 그러므로 내가 너희에게 말하노니 무엇이든지 기도하고 구하는 것은 받은 줄로 믿으라. 그리하면 너희에게 그대로 되리라. (막11:23~24)

29

그런즉 너희는 먼저 그의 나라와 그의 의를 구하라. 그리하면 이 모든 것을 너희에게 더하시리라. (마6:33)

30

심령이 가난한 자는 복이 있나니 천국이 그들의 것임이요. 애통하는 자는 복이 있나니 그들이 위로를 받을 것임이요. 온유한 자는 복이 있나니 그들이 땅을 기업으로 받을 것임이요. 의에 주리고 목마른 자는 복이 있나니 그들이 배부를 것임이요. (마5:3~6)

긍휼히 여기는 자는 복이 있나니 그들이 긍휼히 여김을 받을 것임이요. 마음이 청결한 자는 복이 있나니 그들이 하나님을 볼 것임이요. 화평하게 하는 자는 복이 있나니 그들이 하나님의 아들이라 일컬음을 받을 것임이요. 의를 위하여 박해를 받은 자는 복이 있나니 천국이 그들의 것이라. (마5:7~10)

31

나로 말미암아 너희를 욕하고 박해하고 거짓으로 너희를 거슬러 모든 악한 말을 할 때에는 너희에게 복이 있나니 기뻐하고 즐거워하라 하늘에서 너희의 상이 큼이라. 너희 전에 있던 선지자들도 이같이 박해하였느니라. (마5:11~12)

32

수고하고 무거운 짐진 자들아! 다 내게로 오라! 내가 너희를 쉬게 하리라! 나는 마음이 온유하고 겸손하니 나의 멍에를 메고 내게 배우라! 그리하면 너희 마음이 쉼을 얻으리니 이는 내 멍에는 쉽고 내 짐은 가벼움이라. (마11:28~30)

33

너희는 온 천하에 다니며 만민에게 복음을 전파하라. 믿고 세례를 받는 사람은 구원을 얻을 것이요 믿지 않는 사람은 정죄를 받으리라. (막16:15~16)

믿는 자들에게는 이런 표적이 따르리니 곧 그들이 내 이름으로 귀신을 쫓아내며 새 방언을 말하며 뱀을 집어 올리며 무슨 독을 마실지라도 해를 받지 아니하며 병든 사람에게 손을 얹은즉 나으리라. (막16:17~18)

34

사랑하는 자들아! 너희는 너희의 지극히 거룩한 믿음 위에 자기를 건축하며 성령으로 기도하며 하나님의 사랑 안에서 자기를 지키며 영생에 이르도록 우리 주 예수 그리스도의 긍휼을 기다리라. (유1:20~21)(개역)

35

좁은 문으로 들어가라. 멸망으로 인도하는 문은 크고 그 길이 넓어 그리로 들어가는 자가 많고 생명으로 인도하는 문은 좁고 길이 협착하여 찾는 자가 적음이니라. (마7:13~14)

36

여호와께서 집을 세우지 아니하시면 세우는 자의 수고가 헛되며 여호와께서 성을 지키지 아니하시면 파수군의 깨어있음이 헛되도다. 너희가 일찍이 일어나고 늦게 누우며 수고의 떡을 먹음이 헛되도다. (시127:1~2)

37

너는 엿새동안 일하고 제 칠일에는 쉴지니 밭 갈 때에나 거둘 때에도 쉴지며 칠칠절 곧 맥추의 초실절을 지키고 세말에는 수장절을 지키라. 내가 이방 나라들을 네 앞에서 쫓아내고 네 지경을 넓히리니 네가 매년 세번씩 여호와 네 하나님을 뵈오려고 올 때에 아무도 네 땅을 탐내지 못하리라.(출34:21~22,24)

38

헛되고 헛되며 헛되고 헛되니 모든 것이 헛되도다. 사람이 해 아래서 수고하는 모든 수고가 자기에게 무엇이 유익한고 한 세대는 가고 한 세대는 오되 땅은 영원히 있도다.(전1:2~4)

해는 떴다가 지며 그 떴던 곳으로 빨리 돌아가고 바람은 남으로 불다가 북으로 돌이키며 이리 돌며 저리 돌아 불던 곳으로 돌아가고 모든 강물은 다 바다로 흐르되 바다를 채우지 못하며 어느 곳으로 흐르든지 그리로 연하여 흐르느니라.(전1:5~7)(개역)

39

부자 되기에 애쓰지 말고 네 사사로운 지혜를 버릴지어다. 네가 어찌 허무한 것에 주목하겠느냐. 정녕히 재물은 스스로 날개를 내어 하늘을 나는 독수리처럼 날아가리라.(잠23:4~5)

40

한 손에만 가득하고 평온함이 두 손에 가득하고 수고하며 바람을 잡으려는 것보다 나으니라.(전4:6)(개역)

41

여호와께서 이같이 명하시기를 너희 각 사람은 먹을 만큼만 이것을 거둘지니 곧 너희 사람 수효대로 한 사람에 한 오멜씩 거두되 각 사람이 그의 장막에 있는 자들을 위하여 거둘지니라.(출16:16)

이스라엘 자손이 그같이 하였더니 그 거둔 것이 많기도 하고 적기도 하나 오멜로 되어 본즉 많이 거둔 자도 남음이 없고 적게 거둔 자도 부족함이 없이 각 사람은 먹을 만큼만 거두었더라.(출16:17~18)

42

여호와는 나의 목자시니 내게 부족함이 없으리로다. 그가 나를 푸른 풀밭에 누이시며 쉴만한 물 가로 인도하시는도다. 내 영혼을 소생시키시고 자기 이름을 위하여 의의 길로 인도하시는도다. 내가 사망의 음침한 골짜기로 다닐지라도 해를 두려워하지 않을 것은 주께서 나와 함께 하심이라. 주의 지팡이와 막대기가 나를 안위하시나이다. (시23:1~4)

주께서 내 원수의 목전에서 내게 상을 차려주시고 기름을 내 머리에 부으셨으니 내 잔이 넘치나이다. 내 평생에 선하심과 인자하심이 반드시 나를 따르리니 내가 여호와의 집에 영원히 살리로다. (시23:5~6)

43

주의 교훈으로 나를 인도하시고 후에는 영광으로 나를 영접 하시리니 하늘에서는 주 외에 누가 내게 있으리요 땅에서는 주 밖에 내가 사모할 이 없나이다. 내 육체와 마음은 쇠약하나 하나님은 내 마음의 반석이시요 영원한 분깃이시라. (시73:24~26)

44

내가 두 가지 일을 주께 구하였사오니 내가 죽기 전에 내게 거절하지 마옵소서 곧 헛된 것과 거짓말을 내게서 멀리 하옵시며 나를 가난하게도 마옵시고 부하게도 마옵시고 오직 필요한 양식으로 나를 먹이시옵소서. 혹 내가 배불러서 하나님을 모른다 여호와가 누구냐 할까 하오며 혹 내가 가난하여 도둑질하고 내 하나님의 이름을 욕되게 할까 두려워함이니이다. (잠30:7~9)

45

내가 그리스도와 함께 십자가에 못 박혔나니 그런즉 이제는 내가 사는 것이 아니요 오직 내 안에 그리스도께서 사시는 것이라 이제 내가 육체 가운데 사는 것은 나를 사랑하사 나를 위하여 자기 자신을 버리신 하나님의 아들을 믿는 믿음 안에서 사는 것이라. (갈2:20)

46

관제와 같이 벌써 내가 부음이 되고 나의 떠나갈 기약이 가까웠도다. 내가 선한 싸움을 싸우고 나의 달려갈 길을 마치고 믿음을 지켰으니 이제 후로는 나를 위하여 의의 면류관이 예비되었으므로 주 곧 의로우신 재판장이 그날에 내게 주실 것이니 내게만 아니라 주의 나타나심을 사모하는 모든 자에게니라.(딤후4:6~8)(개역)

47

나와 나의 백성이 무엇이관대 이처럼 즐거운 마음으로 드릴 힘이 있었나이까 모든 것이 주께로 말미암았사오니 우리가 주의 손에서 받은 것으로 주께 드렸을 뿐이니이다. 주 앞에서는 우리가 우리 열조와 다름이 없이 나그네와 우거한 자라 세상에 있는 날이 그림자 같아서 머무름이 없나이다.(대상29:14~15)(개역)

48

비록 무화과나무가 무성하지 못하며 포도나무에 열매가 없으며 감람나무에 소출이 없으며 밭에 먹을 것이 없으며 우리에 양이 없으며 외양간에 소가 없을지라도 나는 여호와로 말미암아 즐거워하며 나의 구원의 하나님으로 말미암아 기뻐하리로다.(합3:17~18)

49

사람이 마음으로 자기의 길을 계획할지라도 그의 걸음을 인도하시는 이는 여호와시니라.(잠16:9)

50

구름이 성막 위에서 떠오를 때에는 이스라엘 자손이 그 모든 행진하는 길에 앞으로 나아갔고 구름이 떠오르지 않을 때에는 떠오르는 날까지 나아가지 아니하였으며 낮에는 여호와의 구름이 성막 위에 있고 밤에는 불이 그 구름 가운데에 있음을 이스라엘의 온 족속이 그 모든 행진하는 길에서 그들의 눈으로 보았더라.(출40:36~38)

51

너는 마음을 다하여 여호와를 신뢰하고 네 명철을 의지하지 말라. 너는 범사에

그를 인정하라. 그리하면 네 길을 지도하시리라. (잠3:5~6)

52

믿음이 없이는 기쁘시게 하지 못하나니 하나님께 나아가는 자는 반드시 그가 계신 것과 또한 그가 자기를 찾는 자들에게 상 주시는 이심을 믿어야 할지니라. (히11:6)

53

우리가 흙에 속한 자의 형상을 입은 것같이 또한 하늘에 속한 자의 형상을 입으리라. (고전15:49)

54

보라 내가 너희에게 비밀을 말하노니 우리가 다 잠잘 것이 아니요 마지막 나팔에 순식간에 홀연히 다 변화되리니 나팔소리가 나매 죽은 자들이 썩지 아니할 것으로 다시 살아나고 우리도 변화되리라. (고전15:51~52)

55

너희는 스스로 조심하라. 그렇지 않으면 방탕함과 술취함과 생활의 염려로 마음이 둔하여지고 뜻밖에 그 날이 덫과 같이 너희에게 임하리라. 이 날은 온 지구상에 거하는 모든 사람에게 임하리라. 이러므로 너희는 장차올 이 모든 일을 능히 피하고 인자 앞에 서도록 항상 기도하며 깨어있으라. (눅21:34~36)

56

지혜가 제일이니 지혜를 얻으라! 네가 얻는 모든 것을 가지고 명철을 얻을지어다. 그를 높이라! 그리하면 그가 너를 높이 들리라. 만일 그를 품으면 그가 너를 영화롭게 하리라! (잠4:7~8)

57

여호와를 의뢰하고 선을 행하라. 땅에 머무는 동안 그의 성실을 먹을 거리로 삼을 지어다. 또 여호와를 기뻐하라. 그가 네 마음의 소원을 네게 이루어 주시리로다. (시37:3~4)

58

고난 당한 것이 내게 유익이라. 이로 말미암아 내가 주의 율례들을 배우게 되었나이다. (시119:71)

59

너희를 위하여 보물을 땅에 쌓아 두지 말라. 거기는 좀과 동록이 해하며 도둑이 구멍을 뚫고 도둑질하느니라. 오직 너희를 위하여 보물을 하늘에 쌓아 두라. 거기는 좀이나 동록이 해하지 못하며 도둑이 구멍을 뚫지도 못하고 도둑질도 못하느니라. (마6:19~20)

60

비판을 받지 아니하려거든 비판하지 말라. 너희가 비판하는 그 비판으로 너희가 비판을 받을 것이요 너희가 헤아리는 그 헤아림으로 너희가 헤아림을 받을 것이니라. (마7:1~2)

61

나더러 주여 주여 하는 자마다 다 천국에 들어갈 것이 아니요 다만 하늘에 계신 내 아버지의 뜻대로 행하는 자라야 들어가리라. (마7:21)

62

하나님이 세상을 이처럼 사랑하사 독생자를 주셨으니 이는 그를 믿는 자마다 멸망하지 않고 영생을 얻게 하려 하심이라. (요3:16)

63

하나님이 죄를 알지도 못하신 이를 우리를 대신하여 죄로 삼으신 것은 우리로 하여금 그 안에서 하나님의 의가 되게 하려 하심이니라. (고후5:21)

64

하나님의 뜻대로 하는 근심은 후회할 것이 없는 구원에 이르게 하는 회개를 이루는 것이요 세상 근심은 사망을 이루는 것이니라. (고후7:10)

65

기도를 항상 힘쓰고 기도에 감사함으로 깨어 있으라. (골4:2)(개역)

66

사람에게 보이려고 그들 앞에서 너희 의를 행하지 않도록 주의하라. 그리하지 아니하면 하늘에 계신 너희 아버지께 상을 받지 못하느니라. 그러므로 구제할 때에 외식하는 자가 사람에게서 영광을 받으려고 회당과 거리에서 하는 것 같이 너희 앞에 나팔을 불지 말라. 진실로 너희에게 이르노니 그들은 자기 상을 이미 받았느니라. (마6:1~2)

67

너는 구제할 때에 오른 손이 하는 것을 왼손이 모르게 하여 네 구제함을 은밀하게 하라. 은밀한 중에 보시는 너의 아버지께서 갚으시리라. (마6:3~4)

68

그러므로 무엇이든지 남에게 대접을 받고자 하는 대로 너희도 남을 대접하라. 이것이 율법이요 선지자니라. (마7:12)

69

누구든지 사람 앞에서 나를 시인하면 나도 하늘에 계신 내 아버지 앞에서 그를 시인할 것이요 누구든지 사람 앞에서 나를 부인하면 나도 하늘에 계신 내 아버지 앞에서 그를 부인하리라. (마10:32~33)

70

내가 너희에게 이르노니 사람이 무슨 무익한 말을 하든지 심판 날에 이에 대하여 심문을 받으리니 네 말로 의롭다 함을 받고 네 말로 정죄함을 받으리라. (마12:36~37)

71

예수께서 이르시되 내가 곧 길이요 진리요 생명이니 나로 말미암지 않고는 아버지께로 올 자가 없느니라. (요14:6)

71

나의 계명을 가지고 지키는 자라야 나를 사랑하는 자니 나를 사랑하는 자는 내 아버지께 사랑을 받을 것이요 나도 그를 사랑하여 그에게 나를 나타내리라. (요14:21)

다른 이로써는 구원을 받을 수 없나니 천하 사람 중에 구원을 받을 만한 다른 이름을 우리에게 주신 일이 없음이라.(행4:12)

천국은 마치 밭에 감추인 보화와 같으니 사람이 이를 발견한 후 숨겨 두고 기뻐하여 돌아가서 자기의 소유를 다 팔아 그 밭을 사느니라. 또 천국은 마치 좋은 진주를 구하는 장사와 같으니 극히 값진 진주 하나를 발견하매 가서 자기의 소유를 다 팔아 그 진주를 사느니라.(마13:44~46)

너희 염려를 다 주께 맡기라. 이는 그가 너희를 돌보심이라.(벧전5:7)

그러므로 이제 그리스도 예수 안에 있는 자에게는 결코 정죄함이 없나니 이는 그리스도 예수 안에 있는 생명의 성령의 법이 죄와 사망의 법에서 너를 해방하였음이라.(롬8:1~2)

분을 내어도 죄를 짓지 말며 해가 지도록 분을 품지 말고 마귀로 틈을 타지 못하게 하라.(엡4:26~27) (개역)

또 산에 오르사 자기가 원하는 자들을 부르시니 나아온지라. 이에 열 둘을 세우셨으니 이는 자기와 함께 있게 하시고 또 보내사 전도도 하며 귀신을 내쫓는 권능도 가지게 하려 하심이러라.(막3:13~15)

예수께서 나아와 말씀하여 이르시되 하늘과 땅의 모든 권세를 내게 주셨으니 그러므로 너희는 가서 모든 민족으로 제자를 삼아 아버지와 아들과 성령의 이름으로 세례를 베풀고 내가 너희에게 분부한 모든 것을 가르쳐 지키게 하라. 볼지어다. 내가 세상 끝 날까지 너희와 항상 함께 있으리라.(마28:18~20)

80

모든 성경은 하나님의 감동으로 된 것으로 교훈과 책망과 바르게 함과 의로 교육하기에 유익하니 이는 하나님의 사람으로 온전하게 하며 모든 선한 일을 행할 능력을 갖추게 하려함이라.(딤후3:16~17)

81

두 세 사람이 내 이름으로 모인 곳에는 나도 그들 중에 있느니라.(마18:20)

82

믿음의 기도는 병든 자를 구원하리니 주께서 그를 일으키시리라 혹시 죄를 범하였을지라도 사하심을 받으리라. 이러므로 너희 죄를 서로 고백하며 병이 낫기를 위하여 서로 기도하라 의인의 간구는 역사하는 힘이 큼이니라.(약5:15~16)

83

그러므로 너희가 그리스도와 함께 다시 살리심을 받았으면 위의 것을 찾으라. 거기는 그리스도께서 하나님 우편에 앉아 계시느니라. 위의 것을 생각하고 땅의 것을 생각하지 말라. 이는 너희가 죽었고 너희 생명이 그리스도와 함께 하나님 안에 감추어졌음이라.(골3:1~3)

84

인자와 진리가 네게서 떠나지 말게 하고 그것을 네 목에 매며 네 마음 판에 새기라. 그리하면 네가 하나님과 사람 앞에서 은총과 귀중히 여김을 받으리라.(잠3:3~4)

85

노하기를 더디하는 자는 용사보다 낫고 자기의 마음을 다스리는 자는 성을 빼앗는 자보다 나으니라.(잠16:32)

86

사람의 마음에 있는 모략은 깊은 물 같으니라. 그럴지라도 명철한 사람은 그것을 길어 내느니라.(잠20:5)

주권자에게 은혜를 구하는 자가 많으나 사람의 일의 작정은 여호와께로 말미암느니라.(잠29:26)

88

태초에 말씀이 계시니라. 이 말씀이 하나님과 함께 계셨으니 이 말씀은 곧 하나님이시니라. 그가 태초에 하나님과 함께 계셨고 만물이 그로 말미암아 지은바 되었으니 지은 것이 하나도 그가 없이는 된 것이 없느니라. 그 안에 생명이 있었으니 이 생명은 사람들의 빛이라.(요1:1~4)

89

영접하는 자 곧 그 이름을 믿는 자들에게는 하나님의 자녀가 되는 권세를 주셨으니 이는 혈통으로나 육정으로나 사람의 뜻으로 나지 아니하고 오직 하나님께로부터 난 자들이니라.(요1:12~13)

90

볼지어다 내가 문 밖에 서서 두드리노니 누구든지 내 음성을 듣고 문을 열면 내가 그에게로 들어가 그와 더불어 먹고 그는 나와 더불어 먹으리라.(계3:20)

91

이를 놀랍게 여기지 말라. 무덤 속에 있는 자가 다 그의 음성을 들을 때가 오나니 선한 일을 행한 자는 생명의 부활로 악한 일을 행한 자는 심판의 부활로 나오리라.(요5:28~29)

92

주께서 호령과 천사장의 소리와 하나님의 나팔 소리로 친히 하늘로부터 강림하시리니 그리스도 안에서 죽은 자들이 먼저 일어나고 그 후에 우리 살아남은 자들도 그들과 함께 구름 속으로 끌어 올려 공중에서 주를 영접하게 하시리니 그리하여 우리가 항상 주와 함께 있으리라.(살전4:16~17)

93

너희는 그 은혜에 의하여 믿음으로 말미암아 구원을 받았나니 이것은 너희에게서 난 것이 아니요 하나님의 선물이라. 행위에서 난 것이 아니니 이는 누구든지 자랑하지 못하게 함이라.(엡2:8~9)

94

피차 사랑의 빚 외에는 아무에게든지 아무 빚도 지지 말라. 남을 사랑하는 자는 율법을 다 이루었느니라. 간음하지 말라. 살인하지 말라. 도둑질하지 말라. 탐내지 말라한 것과 그 외에 다른 계명이 있을지라도 네 이웃을 네 자신과 같이 사랑하라 하신 그 말씀 가운데 다 들었느니라. 사랑은 이웃에게 악을 행하지 아니하나니 그러므로 사랑은 율법의 완성이니라.(롬13:8~10)

95

또한 너희가 이 시기를 알거니와 자다가 깰 때가 벌써 되었으니 이는 이제 우리의 구원이 처음 믿을 때보다 가까웠음이라. 밤이 깊고 낮이 가까웠으니 그러므로 우리가 어두움의 일을 벗고 빛의 갑옷을 입자. 낮에와 같이 단정히 행하고 방탕하거나 술 취하지 말며 음란하거나 호색하지 말며 다투거나 시기하지 말고 오직 주 예수 그리스도로 옷 입고 정욕을 위하여 육신의 일을 도모하지 말라.(롬13:11~14)

96

여호와가 우리 하나님이신 줄 너희는 알지어다. 그는 우리를 지으신 이요 우리는 그의 것이니 그의 백성이요 그의 기르시는 양이로다.(시100:3)

감사함으로 그의 문에 들어가며 찬송함으로 그의 궁정에 들어가서 그에게 감사하며 그의 이름을 송축할지어다.(시100:4)

97

이 백성은 내가 나를 위하여 지었나니 나를 찬송하게 하려함이니라.(사43:21)

98

그러므로 형제들아. 내가 하나님의 모든 자비하심으로 너희를 권하노니 너희 몸을 하나님이 기뻐하시는 거룩한 산 제사로 드리라. 이는 너희의 드릴 영적 예배니라. 너희는 이 세대를 본받지 말고 오직 마음을 새롭게 함으로 변화를 받아 하나님의 선하시고 기뻐하시고 온전하신 뜻이 무엇인지 분별하도록 하라.(롬12:1~2)(개역)

99

우리의 씨름은 혈과 육을 상대로 하는 것이 아니요 통치자들과 권세들과 이 어둠의 세상 주관자들과 하늘에 있는 악의 영들을 상대함이라. 그러므로 하나님의 전신갑주를 취하라. 이는 악한 날에 너희가 능히 대적하고 모든 일을 행한 후에 서기 위함이라. (엡6:12~13)

100

만군의 여호와가 이르노라 너희의 온전한 십일조를 창고에 들여 나의 집에 양식이 있게 하고 그것으로 나를 시험하여 내가 하늘 문을 열고 너희에게 복을 쌓을 곳이 없도록 붓지 아니하나 보라. (말3:10)